KB098635

아시오 광산과 와타라세 유수지

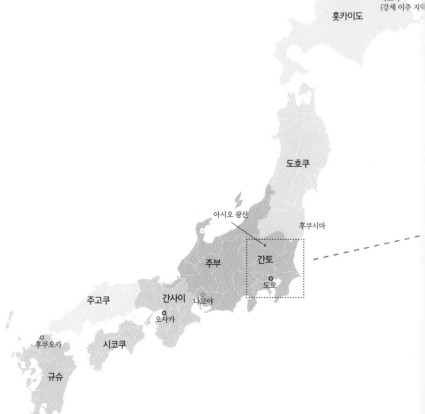

천 년 전 와타라세강은 오늘날의 에도강 하류를 지나 에도만(도쿄만)으로 흘렀다고
합니다. 그런데 도쿠가와 이에야스가 에도에 들어가 간토평야 개발을 시작하며 에
도만으로 흐르던 도네강 물길을 지바현 조시로 돌려 태평양으로 흘러들게 하지요.
이 계획에 따라 와타라세강도 도네강과 합류하게 되면서 와타라세강은 1621년부터
도네강의 최대 지류가 됩니다.

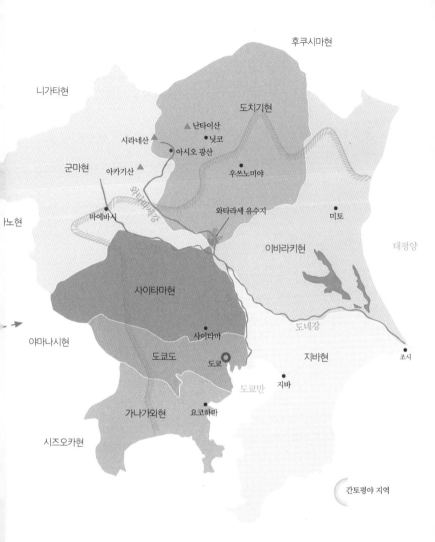

후쿠시마현

니가타현

도치기현

▲난타이산

시라네산 ▲   ●닛코
         ●아시오 광산

군마현   아카기산 ▲   ●우쓰노미야

         와타라세강   와타라세 유수지

나노현   마에바시   미토

                        이바라키현   태평양

         사이타마현

야마나시현   도네강

         사이타마

도쿄도
    도쿄   지바현   조시

시즈오카현   도쿄만   지바

    가나가와현   요코하마

                              간토평야 지역

그런데 이로 인해 큰 피해를 입는 지역도 나타났습니다. 합류부에 자리 잡은 오늘날 도치기시 후지오카마치가 홍수 때마다 자주 어려움을 겪게 되지요. 이 홍수의 원인이 되는 구불구불한 강 줄기, '일곱굽이'를 완만하게 하겠다며 1910년부터 1926년까지 후지오카마치의 대지를 가로지르는 후지오카 방수로 공사가 실시됩니다. 이 공사로 와타라세강은 곧장 아카마늪으로 흘러들게 되지요.

* 쇼조 당시의 와타라세강 유역도는 뒷면지에 있습니다.

조약돌 할아버지

일러두기

- 글쓴이의 원주는 본문 속 괄호 안에 담았습니다. 옮긴이가 우리 독자들의 이해를
  돕기 위해 설명을 더한 것은 말풍선 안에 담았습니다.
- 앞뒤 면지에 실린 지도는 상추쌈 편집부에서 만들었습니다.

TANAKA SHOZO

by Shuichi Sae

© 1993 by Shuichi Sae

Originally published in 1993 by Iwanami Shoten, Publishers, Tokyo.

This Korean edition published 2023

by Sangchu_ssam Publishing House, Gyeongnam

by arrangement with Iwanami Shoten, Publishers, Tokyo

조약돌 할아버지

동아시아 환경 운동의 출발점이 된
다나카 쇼조 일대기

사에 슈이치 글

김송이 옮김

김강언 그림

상추쌈

상추쌈 출판사가 청소년들에게 건넬 만한 다나카 쇼조 책을 번역해서 출판하고자 하니 도와 달라 청했을 때, 저는 첫마디에 못 하겠다고 딱 잘랐습니다. 다나카 쇼조를 누구보다 좋아하지만 그이가 과연 어떤 사람이라고요.

다나카 쇼조는 일본에서 '공해'라는 말을 처음으로 써서 이에 맞서 싸웠고, 그 문제로 메이지 덴노에게 직소까지 한 사람입니다. 그이를 연구하는 사람들도 꽤 많고, 그이에 관한 책만 수십 권에 이르는데, 대개는 내용이 어려워서 엄두를 내기가 쉽지 않았어요.

하지만 출판사의 부탁이 간절했고, 한국의 미래를 짊어지고 나갈 이들에게 다나카 쇼조의 삶과 사상을 꼭 알리고 싶다는 편집자의 뜻이 제 마음을 움직였지요. 그렇다면 마땅한 책을 찾는 일만이라도 도와 주자고 인터넷을 열었습니다.

그때 사에 슈이치가 청소년을 대상으로 쓴 책이 눈에 들어왔어요. 사에 슈이치 선생은 이제 고인이 되셨지만, 독자들의 마음을 파고드는 부드러운 말과 표현으로 전쟁을 비판하는 반핵·반전 소설을 여럿 남긴 사회파 작가랍니다. 저는 이이 책도 몇 권 읽었고 그때마다 작가의 사상에 크게 공감했지요. 그래서 이이가 쓴《다나카 쇼조田中正造(이 책의 원서 제목)》를 찾았습니다. 마침 이와나미쇼텐에 몇 권이 남아 있어 당장 구해 읽었는데, 대번에 끌렸어요.

우리 청소년들에게 꼭 소개하고야 말겠다는 욕심이 솟구쳤지요. 제 나이 일흔을 벌써 넘긴 터였고, 이제 남은 시간이 길지 않을 테니 번역보다는 창작에 전념하겠노라 결심한 지가 얼마 지나지 않았는데요.

나누시라는 마을 우두머리를 시작으로 6선 국회의원에 이르기까지, 다나카 쇼조는 자신의 공적인 삶 내내 농민들의 눈높이에서 농민들 처지를 헤아리고, 억눌린 이들과 생사고락을 함께한 이였습니다. 그래서 '신'이란 높은 곳에 따로이 존재하는 것이 아니라 여기 이 평범한 농민들 속에 있다는 것을 끝내 발견해 냈지요.

옳지 않은 일에 대해서는 목숨을 걸고 싸우며 절대 타협하지 않았습니다. 그런 탓에 억울하게 네 차례나 옥에 갇힐 때에도, 비관하며 주저 앉는 법 없이 외려 새로운 사상을 깊이 탐구하고 이를 자신의 바탕으로 두텁게 다집니다. 이렇듯 어려운 처지일 때 쇼조의 남다름은 더욱 빛났지요.

쇼조는 '교육'에도 누구보다 힘을 쏟았어요. 장차 미래를 짊어지고 나갈 젊은이들에게 자신의 생각과 행동이며, 거기서 얻은 경험들을 전해 주고자 애썼지요.

특히 여성 교육을 위한 노력은 새로운 세계를 내다보던 그이답게, 시대를 앞선 발자취였습니다. 당대는 봉건 유교 정신이 새파랗게 살아 있던 때라, 아내 가쓰를 새로운 미래를 함께 여는 '동지'로 여기고 존중하며 대한 쇼조의 태도 또한 사뭇 이채로웠고요. 모름지기 '대장부'라 함은 이런 사람을 이르는 말이 아닐까요?

이 책을 읽으며 거듭 생각했습니다. 쇼조와 한 시대를 살았다면, 첫째가는 제자 시마다 쇼조가 곁에 딱 붙어 쇼조의 일을 돕고 거들며 죽기까지 그이로부터 배운 것처럼, 저도 평생을 그랬을지도 모르겠다고요. 다나카 쇼조라는 사람은 그렇게 매력적인 이였어요.

결국 다나카 쇼조가 왜 '위대한 인물'인지를 알기 쉽게 서술해 놓은 이 책은, 저를 다시 번역자로서 책상 앞에 앉게 했답니다.

저는 재일조선인 2세로 일본 이바라키현에서 살고 있습니다. 다나카 쇼조가 태어나 자란 곳이자 동아시아 최초로 공해가 시작된 도치기현과, 19세기 아시오 구리 광산에서 유출된 폐수로 피해를 입은 지역 가운데 하나이자 2023년 핵 오염수 방류를 앞두고 있는 후쿠시마현을 양 옆으로 끼고 있는 곳이에요. 19세기가 20세기, 21세기와 이어져 있듯이, 일본과 한국뿐 아니라, 오염수가 흘러들게 될 바다 또한 모두 이어져 있듯이, 지구촌 모두의 삶도 보이지 않게 이어져 있습니다.

제가 시대를 뛰어넘어 다나카 쇼조의 삶과 사상에 크게 공명했듯이, 21세기를 살아가는 한국의 청소년 여러분 또한 이 책을 통해 시대와 공간을 뛰어넘어 '동아시아 환경 운동의 출발점'이 된 다나카 쇼조라는 걸출한 인물을 만나고, 그 삶에서 부디 배울 수 있었으면 합니다.

고착화된 한반도의 분단도, 점점 더 커지는 빈부 격차도, 지구촌 곳곳에서 끊이지 않는 전쟁도, 빠르게 닥쳐 오는 기후 위기도, 모두 여러분의 슬기로운 노력이 필요한 숙제입니다.

행동하는 젊은이들이 없다면, 한국도, 일본도, 세계도 더는 미래가 없을 겁니다. 어렵더라도 희망을 놓지 말고, 자신이 살고 있는 곳에서 자신이 할 수 있는 일부터 하나씩 풀기 위해 움직여야 하지 않을까요? 침묵하지 말고 혼자서라도 외치고 행동해야 합니다.

외롭고 힘든 길일지도 모르지요. 그럴 때 여러분이 다나카 쇼조를 떠올려 주었으면 합니다. 이 책에서 배운 쇼조의 삶이 한국의 여러분에게 소중한 나침반이 될 수 있다면, 바다 건너 일본 땅에서 분초가 애틋한 노년의 몇 달을 번역에 쏟은 이로서 기쁘고 고맙기 그지없겠습니다.

2023년 8월 6일 이바라키에서, 옮긴이 김송이

차례

들어가며

공해의 출발점에 서다   12

1900년으로 거슬러 오르다   17

1장   가로막힌 청원 행렬, 가와마타 사건

1900년 2월 13일   22

죽음을 각오하고 나서다   25

피로 얼룩진 탄압   28

이날의 쇼조   30

쇼조의 고뇌   33

2장   다나카 쇼조의 반생애

나는 시모쓰케의 백성이다   38

롯카쿠가 개혁 사건   41

이와테의 감옥도 대학   42

새로운 시대의 물결   46

토지세 개정과 세이난 전쟁   49

정치를 해야겠다고 마음먹다   50

쇼조의 민권운동과 주세쓰샤   53

언제나 민중의 처지에 서서   56

미시마 현령과 맞서다   58

3장 동아시아 공해의 시작, 광독을 만나다

대일본제국헌법 발령   66

제1회 총선거에서 국회의원이 되다   69

아시오 구리 광산과 후루카와 이치베   71

광독으로 오염된 와타라세강   75

공공의 이익을 해치는 자   77

첫 광독 질문   81

농상무대신 무쓰의 답변   84

4장 헌법을 지키는 투쟁

제3회 의회에서 벌인 질문 연설   90

헌법을 지키는 사람, 쇼조   93

농민들이 화해 교섭에 응하다   96

구리 증산을 부추긴 청일전쟁   98

풍요롭던 벌판이 죽음의 땅으로   100

운류지 광독 사무소와 정신적 계약   102

에노모토 다케아키와 지식인들   106

권력이라는 불가사의   109

광독 예방공사 이전과 이후   110

5장 망국 연설과 덴노 직소

나라가 망해 가는 것을 알지 못하면   116

기노시타 나오에를 만나다   119

아내 가쓰에게 부친 편지   121

의회정치에 환멸을 느끼다   125

드높아 가는 여론에 기대어   127

광독 문제 해결을 위한 중대한 결심   129

직소를 결행하다   132

하품 사건에 대한 진묘한 판결   139

6장 러일전쟁과 야나카마을

예순두 살에 기독교와 만나다   144

광독 유수지안과 교묘한 선전   146

러일전쟁, 바라는 바는 비전이다   152

마을의 작은 악마들   154

쇼조, 야나카마을로 들어가다   157

러일전쟁 승리와 야나카마을   158

쫓겨나는 사람들   162

땅 한 평 갖기 운동   164

7장 사라져 갈 마을에 천국을

법에는 법으로 싸운다   170

아시오 구리 광산 노동자들의 저항   171

야나카마을을 강제로 부수다   176

사람과 사람의 법   179

천국에 이르는 지평   183

잔류민이야말로 하나님   186

8장 물은 곧 신과 같아서

물은 정직하나니   194

마을을 부수는 것을 치수라고 떠들지 말라   197

쇼조의 치수론과 문명론   200

옛 야나카 주민들을 홋카이도로 이주시키다   204

천국에 이르는 길을 닦는 일   208

드넓은 헌법을 마련해야 한다   212

쇼조의 죽음   215

글을 마치며

광독 피해 지역에 유골을 나눠 묻다   222

야나카를 부수며 열린 새 물길   224

국경을 넘어 환경 문제의 세계적 선구자로   228

맺는 말   234

들어가며

공해의 출발점에 서다

이 책을 읽으려는 이들도 함께 길을 떠나 주었으면 합니다. 저는 지금 간토평야를 흐르는 와타라세강 중류의 둑 위에 서 있습니다. 북쪽으로는 닛코에서 아카기산으로 이어지는 산들이 보이고 양 기슭과 하류로는 드넓은 들판이 펼쳐집니다. 아득히 남쪽에는 도쿄가 있죠. 여러분도 내 곁에 서 보아요.

눈앞에 보이는 와타라세강은 도치기현 아시오산에서 솟아나 109킬로미터를 내달립니다. 도치기현

> 일본 간토 지방 도치기현 서쪽에 자리 잡은 이름난 관광 도시입니다. 닛코 화산군과 고원, 숲이 아름다운 곳으로 해발고도가 높지요. 닛코국립공원 안에 있는 닛코시라네산은 2,578미터에 이른다고 합니다.

과 군마현 경계를 지나 간토평야 한복판에서 광대한 와타라세 유수지로 흘러들었다가 이바라키현 고가시를 거쳐 사이타마현 구리하시 마치 강가에서 도네강과 만납니다.

이 강이 메이지 시대에, 물길이 시작되는 곳에 터 잡은 아시오 구리 광산에서 광독이 흘러나오면서 오염됩니다. 강가에 자라는

홍수 때 하천의 물을 잠시 가둬 물량을 조절하는 천연 혹은 인공의 저수지를 '유수지'라고 하지요.

농작물이나 주민들 살림이 막대한 피해를 입었죠. 이 일이 바로 아시오 광독 사건(와타라세강 광독 사건이라고도 하지요.)으로, 훗날 "일본 공해의 출발점"이라 불리게 됩니다. 그때 다나카 쇼조가 피해 주민들의 앞장에 서 활약한 일은, 지금은 일본 교과서에도 실려 배운 이들이 많을 겁니다. 하지만 저는 와타라세강 기슭에 살면서 중학교와 고등학교를 다녔는데요, 그때만 해도 교과서에 나오기는커녕 선생님도 가르쳐 주시지 않았죠. 대신 중학교 1학년 때 아버지한테 들었습니다.

저는 일본이 제2차 세계대전에 패한 이듬해에 도치기시의 구제 중학교에 들어갔습니다. 와타라세강 하류의 고가시에서 아침저녁으로 와타라세강을 건너 와타라세 유수지를 바라보며 전차로 통학했어요. 일요일에는 유수지에서

오늘날의 중학교와 고등학교를 합쳐 놓은 5년짜리 과정이었답니다.

낚시를 즐겼습니다. 3,300헥타르나 되는 유수지에는 아카마늪 말고도 귀신늪이나 진드기늪처럼

평방미터로 환산하면 천만 평에 이르는 넓이로, 김포공항의 네 배, 축구장 4,700개가 들어가는 크기래요.

무시무시한 이름으로 불리는 크고 작은 늪이 있어 잉어나 붕어를 낚았어요. 하루는 아버지와 낚시를 하고 있는데 아버지가 그러셨죠.

"전에는 여기가 야나카라는 커다란 마을이었어. 사람들이 부족함 없이 따뜻하게 살던 데야."

그러고 보니 황량한 갈대숲에 묘석이 뒹굴고 있거나 다 허물어져 가는 집채 흔적이 남아 있기도 했네요.

"아버지가 어렸을 때……."

하고 아버지는 얘기를 이어 갔습니다.

"광독 사건이 일어나서 사람들이 마을에서 쫓겨나게 됐거든. 멀리는 홋카이도로, 가깝게는 이웃 읍이나 마을로 이사를 가야 했어. 그때 다나카 씨는 마을 어귀에서 조금 떨어진 곳에 서서 쫓겨나는 사람들을 눈물로 보내고 있었단다."

"다나카 씨요?"

하고 저는 되물었죠. 하도 친근하게 부르길래 어디 잘 아는 아저씨인 줄 알았거든요.

"다나카 쇼조라는 훌륭한 분이야."

하고 아버지는 말했습니다.

"중의원 의원이었지만 광독으로 고생하는 농민들을 도우려고 목숨을 걸고 덴노天皇 폐하

> 일본 국회는 양원제로, 당시에는 중의원과 귀족원으로 구성되었습니다.

> 일본의 군주입니다.

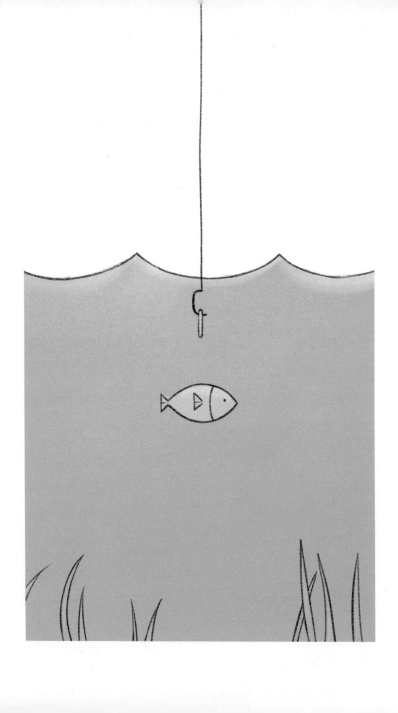

께 직소까지 했거든.”

덴노에게 직접 호소했다라, 그래서 어떻게 된 걸까……? 낚시찌가 내려갔지만 저는 낚싯대를 채어 올리는 것도 잊고 아버지 얘기에 귀 기울였습니다. 그러다 우리 할아버지와 친척들이 다나카 씨와 함께 광독 사건을 풀기 위해 싸웠다는 이야기를 듣고서는 크게 놀랐어요. 제 몸에는 광독 피해 농민의 피가 흐르고 있다는 거죠. 다나카 쇼조는 먼 존재가 아니라 아주 가까운 사람이었던 겁니다. 지금도 여기 와타라세강 가에 사는 농민들 가운데는 존경심과 친근함을 담아 ‘다나카 씨’라고 이르는 이가 많지요.

하지만 제가 광독 사건이며 다나카 쇼조를 깊이 알게 된 것은 고등학교를 졸업하고서도 훨씬 세월이 흐른 뒤의 일입니다. 여러 자료를 읽고 공부하면서 많은 것들을 알게 되었지요. 아름답던 강이 광독으로 말미암아 죽음의 강으로 변해 버린 일이며, 굽히지 않고 싸워 나간 다나카 쇼조와 농민들, 그리고 정부가 강제 파괴에 나서 풍요롭던 마을이 사라져 버린 일 들을요. 무엇보다 다나카 쇼조의 생각과 태도는 일본 역사에 첫 획을 그은 것으로, 오늘날 일본 사회와 21세기의 지구촌을 헤아리고 판단하는 데 아주 중요한 바탕이 된다는 것을 말입니다.

이걸 청소년이나 젊은이들을 비롯한 독자 여러분이 꼭 알아주었으면 합니다. 그래서 제가 이 책을 쓰고자 여기, 청소년기를 보낸 와타라세강 둑 위에 선 겁니다.

1900년으로 거슬러 오르다

다나카 쇼조가 어떻게 살았을까, 여러분과 함께 생각해 보려고요. 다나카 쇼조가 태어난 집에도 가고, 와타라세강 상류의 아시오나 하류의 와타라세 유수지로도 안내할 테니, 먼저 여기에 서서 귀 기울이고 마음의 문을 열어 주세요.

어때요? 바람 소리와 함께 와타라세강 물소리에 실려 약 100년 전에 아우성친 농민들의 성난 외침 소리와 슬픔에 젖은 목소리가 들려오지 않나요? 광독에 시달리는 마을들을 오가던 다나카 씨의 짚신 소리가 들리고 그이 발바닥의 따스함이 여러분의 신발 바닥을 통해 살갗으로 전해 오지 않나요? 그렇죠, 둑 위의 이 작은 길에도, 아스팔트로 덮힌 도로에도, 저 강변에 피는 이름 모를 한 송이 꽃에도 역사는 살아 숨 쉽니다.

역사의 숨소리를 느끼고 받아들인다면 타임머신이 없어도 역사 속 과거로 거슬러 올라갈 수 있답니다. 다나카 씨가 살던 그 시대로 먼저 가 볼까요?

20세기로 갓 들어선 1900년 2월 13일 새벽으로 거슬러 가는 게 좋겠네요. 1900년이라 하면 청일전쟁이 끝난 때로부터 5년이 흐른 뒤이고 4년 뒤에는 러일전쟁이 벌어지는 시대입니다. 여러분 조부모

님께서도 아마 아직 태어나지 않으셨겠죠. 1900년, 그러니까 메이지 33년 2월 추운 새벽으로 가 봅시다. 지금 여러분이 선 와타라세 강 중류의 둑 위로요. 자, 출발할까요?

…… 저런, 둑 바로 아래로 절집 지붕이 거머우리하게 보이네요. 운류지라는 절인데 지붕에는 새 이엉을 얹었고 지금과는 모습이 조금 달라 보여요. 경종이 미친 듯이 울리고 있네요. 아직 으스름이 깔린 새벽녘인데 많은 사람들이 꾸역꾸역 모여듭니다. 멀찍이 절을 감시하는 경찰의 모습도 보이고요. 도대체 무슨 일이 벌어지는 걸까요?

우리도 가요.

1

가로막힌 청원 행렬, 가와마타 사건

여기는 군마현 오우라군 와타라세마을 시모사가와다(지금은 다테바야시시 시모사가와다죠.)에 자리 잡은 운류지입니다. 4년 전인 1896년 10월에 다나카 쇼조는 이 절에 도치기와 군마 두 현을 아우르는 광독 사무소를 세웠습니다. 광독 반대 운동의 중심지가 되는 곳이에요. 이듬해에는 도쿄에도 쇼조가 올 때마다 묵는 시바구치마치(오늘날 제이알JR 신바시역 근처입니다.)의 여관에 도쿄 광독 정지 사무소를 두었습니다. 국회의사당이 가까운 곳으로 도쿄에서 활동하는 데 근거지가 되죠.

별이 하나둘 사라져 가는 2월 13일 추운 새벽, 도치기와 군마 두 현의 광독 사무소가 있는 운류지의 경종 소리를 신호로 서릿발을 밟으며 많은 농민들이 꾸역꾸역 모여듭니다. 도롱이에다 삿갓을 쓰고 허리에는 도시락을 달아맸네요. 다들 분노와 굳은 결심으로 얼굴이 이글거립니다. 이날은 네 번째로 대거 도쿄로 상경해 청원하는 날이거든요.

청원이란 국민이 입은 손해를 정부나 국회에 몸소 평온히 진정하는 일로, 대일본제국헌법으로 인정된 국민의 권리였어요. 와타라세강 둘레의 농민들은 10년도 더 전부터 광독으로 고생해 온 터여서, 광독으로 인한 피해가 얼마나 비참한지를 알리고, 아시오 구리 광산의 광업을 멈추어 달라고 도쿄까지 나가 정부에 호소하고자 한 겁니다. 농민들은 이 청원을 "밀어내기"라고 불렀습니다.

실은 2년 전 가을에도 '밀어내기'에 나선 적이 있습니다. 아시오 구리 광산이 광독 예방공사를 그 전해에 마쳤다고 했는데 이때 홍수가 나서 광독이 흘러나온 물이 여러 마을을 휩쓸었거든요. 그 바람에 광독 예방공사는 전혀 효과가 없었다는 게 분명해져서 세 번째 '밀어내기'에 나선 거죠. 그런데 경찰대에 막혀 도쿄에 들어서기 직전에 멈춰섭니다. 도쿄에 와 있던 다나카 쇼조가 그들을 맞으며 이렇게 말합니다.

"광독 피해가 상상할 수 없을 만큼 비참한 지경에 이르러서, 마지못해 죽음을 무릅쓰고 상경하셨다는 걸 쇼조는 잘 압니다. 여러분, 어째서 아시오 구리 광산 광독 피해자들만 여러 해 동안 헌법의 보호를 받지 못한 채 소유권을 짓밟히고, 교육은 무시당하고,

논밭이 못 쓰게 되고 말았습니까? 헌법이며 법률이 있는데도 정부가 인민을 보호하지 않아서 그렇습니다. 여러분이 법이 정한 테두리 안에서 정부에 억울함을 간절히 호소하는 것은 좋습니다. 그런데 도쿄에 머무는 동안 필요한 옷가지며 돈도 갖추지 못했고, 벌써 마을로 돌아간 어르신 두 분이 세상을 떠났습니다. 앞으로 아프거나 죽는 이가 더 나왔다가는 식구들이 되레 힘들어집니다. 여러분을 대신해 힘을 다해야 하는 것은 이 나라 일본의 국회의원, 다나카 쇼조입니다. 쇼조가 죽기 살기로 감당하겠습니다. 부디 저한테 맡겨 주시고 오늘은 눈물 머금고 물러서십시오. 지금 내각은 여러분의 내각입니다. 여러분의 청원을 받아들일 겁니다."

그의 눈에는 물기가 반짝였습니다. 쇼조는 말을 이었죠.

"하지만 정부가 혹 여러분들 뜻을 받아들이지 않을 때는 쇼조가 앞장서서 싸우겠습니다. 그때는 마음껏 상경하십시오. 쇼조는 결코 막아서지 않겠습니다. 그때까지는 부디 오늘 품으신 뜻과 목숨을 온전히 지켜 주십시오."

쇼조의 말을 듣고는 목 놓아 우는 사람도 있었어요. 피해 주민들은 대표 50명만 남기고 돌아갔습니다.

하지만 이듬해 가을에도 광독 홍수가 나고 피해가 더더욱 퍼지자 올 1월, 젊은이들은 청년행동대를 꾸렸습니다. 이들은 달리 청년결사대라는 별칭으로 불리기도 했어요. 상경 청원을 위해서라면 죽음도 옥살이도 무릅쓰겠다, 뜻을 이루지 못할 바에는 마을로 돌아가지 않겠다, 이렇게 다짐했으니까요.

죽음을 각오하고 나서다

해가 솟아오른 오전 7시, 청년결사대 젊은이들을 비롯해 농민 700여 명이 운류지 경내를 메웠습니다. 8시쯤에는 절 안으로 못 들어간 농민들이 와타라세강 가까지 메웠지요. 모두 2,500명이나 됐습니다. 여기에서 도쿄까지 80킬로미터는 족히 되는 길을 걸어서 행진하겠다는 겁니다.

운류지 스님 구로사키 젠오가 본당 정면에 서서 말했습니다.

"사람의 죽음은 그로 인해 만 사람이 살아나는 데 참뜻이 있습니다. 여러분도 이번이 마지막 운동이 될 테니 와타라세강 피해 농민 30만을 살릴 수 있도록 죽기를 각오하고 온 힘을 다해 주세요. 어떤 어려움이 있어도 뜻을 굽히지 말고 기차가 궤도를 달리듯 똑바로 나아가야 합니다. 부처님께서 꼭 보살펴 주실 겁니다."

이어서 사토리 히코지로가 일어섰지요. 이 청년은 도쿄전문학교(이 학교는 오늘날 와세다대학이 되었답니다.) 학생이던 때부터 다나카 쇼조를 존경하며 현장에 들어가 활동해 온 학생운동의 선구자예요. 젊은 히코지로가 말했습니다.

"우리의 '밀어내기'는 제국헌법이 보장하는 청원권을 행사하는 것으로, 조금도 법률을 거스르지 않습니다. 우리는 공평하고 바른 도리를 위하여, 농상무성 문 앞이 바로 목숨을 바칠 곳이라 여기고 어디까지나 정정당당하게 나아갑시다."

그런 다음 니시야다마을(군마현)의 나가시마 요하치, 아즈마마을(도치기현)의 니와다 쓰네키치가 짧게 연설을 마쳤어요. 어디까지나 품행을 단정히 하고 움직여야 한다고 일깨웠지요.

막상 출발하니 청년결사대에서 사카이마을(도치기현) 부대장을 맡은 노구치 슌조가 안장이 없는 말에 올라 맨 앞에 섰습니다. 말 탄 슌조 뒤를 물깃배 두 척과 대나무 삿대를 여러 자루 실은 큰 짐수레가 따라갑니다. 다테바야시 큰길에서 남쪽으로 10킬로미터쯤 떨어진 도네강에는 작은 배 여러 척 위로 널판을 가로질러 놓은 가와마타 다리가 걸려 있기는 했지만, 만약 경찰대가 이 배다리를 막아선다면 배로 강을 건너자고 의견을 모았거든요.

농민들은 바로 옆에 흐르는 와타라세강에 임시로 놓인 다리를 건너, 다테바야시 길거리를 질서 있게 행진하며 '광독 비가'를 소리 높여 불렀습니다.

사람 몸에 독이 스며들어 뱃속의 아이를 놓치고
물리는 젖은 모자람 없어 두서너 살까진 자라는데
독 탓에 다 쓰러지고……

아아, 우리는 땅을 위해서 나라를 위해서는 죽음도 두렵지 않다

아아, 우리는 헌법을 지키기 위해서는 죽음도 두렵지 않다

이 시대에 정부는 어째서 이토록 우리를 짓밟는가

어서어서 맑아져라 와타라세강……

한편 경찰은 도네강의 배다리를 떼 버리고 이곳을 중심으로 배치를 마쳤습니다. 그러고는 헌병대에 도움을 청했지요. 헌병대는 오전 9시가 되자 가와마타에 닿아 대기합니다.

피로 얼룩진 탄압

농민들 수는 불어나고 있었습니다. 경찰 기록에는 2,500명, 〈마이니치신문〉이나 이 고장 신문인 〈시모쓰케신문〉에는 만 2천 명으로 남아 있는데, 정확하지는 않지만 3천 명은 넘었던 것 같아요. 이를 막으려고 300명 가까운 경찰과 헌병이 배치된 겁니다.

군마현 다테바야시를 지난 무리의 선두는 정오를 넘기자 가와마타 다리로 다가갔습니다. 그러다 가와마타 다리 바로 앞의 가와마타 마을 어귀 수로에 놓인 돌다리 부근에서 경찰대와 맞닥뜨렸어요.

"섯!"

하고 나루세 경부가 외쳤지요.

"서라? 천만에. 이 길은 천하 만민의 길이 아닌가."

한 농민이 말을 되돌렸습니다.

"너희들은 집회정사법(1890년에 제정된 집회 및 정치 결사에 대한 단속법입니다. 건물 밖에서 여는 정치집회를 전면 금지하고, 자리한 경찰관이 집회를 중지시키거나 해산시킬 수 있는 권리 따위를 정하고 있지요.)에 따라 해산을 명한다!"

"앞으로 갓. 전진하라!"

순조가 말에 탄 채 호령하며 앞장에 선 무리에게 뭉치라고 지시했습니다. 경부 하나가 농민이 밀던 큰 짐수레 위에 실린 배에 손을 댔습니다. 앞선 짐수레가 배를 실은 채 뒤집히자 다음 수레도 모로 누워 버렸지요. 순식간에 아수라장이 됐습니다. 곳곳에서 경찰대와 헌병이 농민을 긴 칼로 쿡 찌르고, 마구잡이로 때립니다. 도망가려는 농민 한 사람을 여럿이 쫓아가 두들겨 팹니다. 경찰과 헌병들 칠 할은 에도시대에 각 번을 섬긴 무사 집안의 후예들이었어요.

이때 현장에서 취재하던 〈시모쓰케신문〉 특파원은 그해 가을에 열린 재판에서 이렇게 진술했지요.

"경찰대가 피해 주민 한 사람에게 여덟아홉 명씩 달려들어 두들기고, 패고, 논에다 처박고, 칼로 찌르고, 결박하는 식으로 폭행하는 걸 봤습니다. 저는 이 참담한 광경을 보면서, 일본 경찰이 이토록 난폭하게 구는 것에 탄식을 금치 못해 '이곳 군마에 경찰은 없다.'고 절규했습니다."

소란은 농민 쪽이 물러가면서 30분쯤 지나 잦아들었지만, 두들겨 맞다가 현장에서 체포된 농민은 나가시마 요하치를 비롯해 15명이나 됐습니다. 노구치 슌조는 말에서 내려 겨우 도망쳤고 사토리 히코지로도 달아났지만 결국 체포되었지요. 체포된 사람은 반년 동안 다 해서 100명이나 되었습니다. 이 가운데 슌조를 비롯한 68명이 검사의 취조를 받았고, 51명이 흉도소취죄(흉폭한 무리가 폭동을 일으키거나 소란을 피우는 죄를 이르지요.)와 같은 죄목으로 재판을 받게 됩니다. 이것이 저 유명한 가와마타 사건이에요.

이날의 쇼조

마침 그때 도쿄에서는 제14회 제국의회가 열렸습니다. 다나카 쇼조는 도치기현에서 선출된 국회의원으로서 연일 중의원에서 광독 문제를 정부에 따져 물었어요. 이날도 두 가지 질문서를 제출하고 그에 따른 연설을 했지요.

검소한 문복(집안의 표지라 할 수 있는 가문을 넣어 지은 일본 예복이지요.) 차림에 백발 섞인 머리가 흐트러진 쇼조는 이때 벌써 예순한 살이었습니다. 당시는 쉰을 넘기면 은거하는 게 보통이어서 환갑이면 이제 노인입니다. 하지만 쇼조는 다부진 몸집으로 연단에 올랐지요. 그러고는 좌우 크기가 좀 다른 눈을 부릅뜨고 대신들 자리를 쏘아보며 호랑이가 울부짖듯 분노에 차 계속 말을 이었습니다.

"……광독이 벌써 사람을 죽였고 또 죽이고 있습니다. 그런데 질서 있게 이루어진 피해 주민들 청원을 지방 관리가 거부하고, 도쿄까지 올라와도 당국 대신이 만나 주지 않는다니 어찌 된 일입니까? 와타라세강은 자연의 은혜가 더할 나위 없는, 맑은 강입니다. 하지만 후루카와 이치베가 경영하는 아시오 구리 광산에서 광독이 흘러나와, 풍부한 수산물이 사라지고, 헌법이 살피고 돌보아야 할 덴노 폐하의 신민이 곤궁해 죽고 있는 겁니다. 그런데 인민의 대표인 정부가 청원의 길을 막아 나선다니 이것이 얼마나 슬픈 일입니까? 광독을 없애고 풍요로운 수산물을 되살리기 위해서는 아시오 구리 광산의 광업을 멈추는 길밖에 없습니다. 광독 예방공사를 했으니까 이제 됐지 않나 하는 그런 생각이면 곤란합니다. 악인 한 사람(후루카와 이치베)을 위해 정부가 돈을 쓴다면 정부가 있거나 없거나 한가지라는 말입니다."

쇼조가 전부터 국회에서 호소해 온 것은 이 네 가지입니다.

1. 우리 일본은 제국헌법을 제정해 국민의 권리와 의무를 지키는 입헌국가이다. 그리고 국민의 대표가 정치를 운영하는 의회제 국가이다.

2. 그럼에도 한 기업이 배출하는 광독으로 국민이 권리와 의

무를 빼앗겼다.

3. 정부는 국민의 권리와 의무를 지키기 위하여 광독 피해 농민의 청원을 듣고 후루카와광업의 아시오 구리 광산 조업을 정지해야 한다.

4. 그러지 못한다면 헌법은 지켜지지 않는다. 국민은 권리와 생활을 잃고, 의회제 정치도 또한 무너지게 된다.

그러니까 쇼조는, 헌법을 수호하는 사람이자 인민의 권리를 지키는 정치가로서 누구보다 의회정치에 신뢰와 기대를 품고 있었습니다. 그리고 광독에 허덕이는 농민의 비참함을 누구보다 뼈아프게 알고 있었지요.

이날 오후에 가와마타 사건 소식이 쇼조에게 닿았습니다. 하지만 지금처럼 텔레비전이나 라디오가 있는 게 아니어서 자세한 내용은 알 길이 없었습니다. 쇼조는 노여움과 격정, 슬픔으로 잠을 설쳤습니다.

이튿날인 14일에는 국회에 〈피해 주민들을 독으로써 죽이고 이를 청원하는 이들을 때려 죽인 일에 대한 질문서〉와 〈경찰관 여럿이 흉기를 가지고 죄 없는 피해 주민들을 때리고 친 일에 대한 질문서〉를 냈습니다. 그 다음 날인 15일에도 질문서를 내고 연설하며 철저히 정부를 추궁했지요. 쇼조 앞으로 구체적인 정보가 닿고 있었으니까 관리들의 횡포를 분노를 담아 규탄한 것입니다. 그리고 이렇게 말했습니다.

"개진당이어서 정부에 반대한다는 그런 쩨쩨한 심보는 다나카 쇼조에게는 없습니다. 저는 오늘로 헌정본당을 탈당할 생각입니다. 탈당해서 더더욱 정부를 공격하기 위한 의논을 구애됨이 없이 하겠습니다."

쇼조는 1882년에 입헌개진당에 입당한 뒤 지금껏 개진당계 정치가로서 진보당, 헌정당, 헌정본당에 차례로 몸담아 왔습니다.

뒤이어 이렇게 말했지요.

"다나카 쇼조가 제 선거구 일이라 나선다는 터무니없는 소리를 하는 사람이 이 회의장에 하나나 둘이 있다면 저는 의원도 그만둘 생각입니다. 하지만 오늘 사표를 제출했다가는 내일은 연단에 오르지 못할 테니 이 자리에서 더 말하고 난 뒤에 물러서겠습니다."

쇼조의 고뇌

쇼조는 지난해(메이지 32년, 1899년)에 열린 제13회 제국의회에서 세비(국회의원의 보수) 인상에 반대해 홀로 세비를 반납했습니다. 이번에는 자신이 속한 당을 탈당하고 나아가 의원직을 내려놓겠다는 뜻을 내보인 겁니다.

네 번째 '밀어내기'는 광독 반대 농민운동이 절정에 이른 것이었어요. 쇼조는 이번에는 말리지 않았지요. 도쿄로 올라온 농민들과 함께 자신은 국회에서 싸울 각오였습니다. 하지만 농민들의 운동은 정부의 탄압으로 피투성이가 되었습니다. 그럴뿐더러 내무대신 사이고 쓰구미치는 쇼조의 질문 연설에 "질문에 따른 그런 사실은 없음."이라는 보잘것없는 답변을 내놓았어요. 농상무대신 소네 아라스케의 답변도 "광독 때문에 손해가 났다는 사실은 인정할 수 없음."이라는 아주 냉랭한 것이었고요.

쇼조는 입헌의회제와 정당정치에 큰 기대를 걸어 왔는데, 그 기대가 산산이 부서졌습니다.

쇼조는 분노를 누를 길이 없었죠. 고뇌는 깊어만 갔습니다. 국회의원으로서 마지막 노력을 어떻게 해야 할까요? 의회정치에 실망했다 해도 피할 수는 없는 노릇입니다. 많은 농민들이 옥에 갇혔고 와타라세 농민 30만은 굶주림에 허덕이고 아이들은 야위어 죽어 가고 있었으니까요.

쇼조는 생각한 끝에 이틀이 지난 2월 17일, 의회에서 피를 토하는 마음가짐으로 연설합니다.

일본 역사와 의회사에 남은 이 유명한 연설을 알아보기 전에 다나카 쇼조는 과연 어떤 사람이었을까, 그 생애를 어릴 때로 거슬러 올라가 함께 살펴보죠.

2

다나카 쇼조의 반생애

다나카 쇼조는 1841년 11월 3일, 시모쓰케국 아소군 고나카마을
(오늘날의 도치기현 사노시 고나카초랍니다.) 나누시(농민이나 도
시 상공인 신분으로 영주를 대신해 마을을 다스렸습니다.) 집안에서
태어났습니다. 와타라세강에서 북쪽으로 10킬로미터가량 떨어진
곳이지요.

쇼조의 집은 길가에 선 2층 건물이라 왼쪽 문으로 들어가면 새 이
엉을 인 몸채가 있고 뒤뜰에는 광이 있죠. 저는 여러 차례 이 생가를
찾았지만 지금은 아쉽게도 길을 넓히면서 집터서리가 잘려 나가 아
주 변해 버렸습니다. 몸채를 고쳐 지으면서 지붕을 동판으로 바꾸고
그전에는 없던 못이나 창고까지 들어섰거든요. '다나카 쇼조 집을
지키는 시민회'나 많은 이들이 반대했는데도요.

본래 집터를 상상해 보세요. 나누시를 지낸 부농이라고는 도저히 느낄 수가 없을 만큼 검소한 건물이라는 걸 알 수 있을 거예요. 다나카 집안은 격식 있는 집안이라거나 재산이 많아서가 아니라 능력과 마을 사람들의 신망이 두터워서 나누시로 뽑힌 겁니다.

여기는 롯카쿠가와 같은 여러 하타모토 집안이 다스리는 땅이었습니다. 부친이 이 롯카쿠령 나나카마을을 모두 다스리는 자리였고, 다나카 쇼조는 열일곱 살이라는 나이로 고나카마을을 맡게 됩니다. 만으로는 열여섯 살이니까 지금이라면 고등학교 1학년이겠죠.

> 에도시대 도쿠가와 쇼군의 직속 가신단 가운데, 쇼군을 만날 수 있는 자격을 지닌 자를 이르던 말이지요. 500석 이상, 1만 석 미만의 녹봉을 받았습니다.

1895년 가을, 쉰다섯 살 때 〈요미우리신문〉에 자서전 《다나카 쇼조 옛이야기》를 쓰기 시작합니다. 이 이야기는 "소인은 시모쓰케의 농민이올시다." 하는 말로 시작되지요. 쇼조는 자신이 나누시라는 거만한 생각 따위는 없었어요. 대신 시모쓰케에 사는 한 농부다, 하는 긍지에 차 있었습니다.

애젊은 나누시 쇼조는 그 일을 깐지게 보면서, 농업에도 힘을 쏟았는데요. 여러 갈래로 사업을 꾸려 보고자, 부친이 반대하는데도 쪽 물감을 만들어 팔기 시작해요. 장사를 얕보지 않고 경제를 중히 여긴 것이죠. 그런 쇼조가 정한 일과는 이러했습니다.

하나, 아침을 먹기 전에 풀을 한 짐 벤다.

하나, 아침을 먹은 뒤에는 쪽을 발효시키는 오두막에서 두 시간쯤 장사에 관한 일을 본다.

하나, 일이 끝나면 마을 아이들에게 글을 가르친다.

하나, 저녁을 먹고는 다시 쪽을 발효시키는 오두막을 살핀 뒤 마을 절에서 친구들과 중국 책을 읽고 공부한다.

농사일은 늘 해야 할 일이고 공무는 집에서 하도록 정한다.

아침 일찍 일어나 풀을 베며 젊은 쇼조가 꾸려 나가던 충실한 나날을 엿볼 수 있지요.

쇼조가 벌인 쪽 물감 사업은 성공이었습니다.《다나카 쇼조 옛이야기》에 따르면 3년 동안 300냥이나 벌었다고 하거든요. 쌀 60킬로그램이 1냥이던 시대니까 아주 벌이가 좋았다는 거죠. 하지만 이 돈을 계속 장사에다 쓰지는 않았답니다. 쇼조는 이렇게 말했어요.

"훗날에 내가 사회 대학에 들어갈 수업료로 삼는다. 사회 대학이란 무엇인고 하면, 영주 롯카쿠가의 불의와 싸우는 일 따위를 일컫는다."

쇼조에게 '대학'은 실제 사회에서 경험하는 고통스럽고 귀중한 배움을 뜻하는 것이었어요. 이 경험에 쓸 돈이야말로 대학 수업료라는 것이지요.

롯카쿠가 개혁 사건

이 사건은 아주 복잡하지만, 간단히 설명한다면 막부 말기 막번체제의 모순에 맞서 농민들이 마을 자치를 요구하며 들고일어난 사건이라 할 수 있습니다. 젊은 쇼조는 그 선두에 서죠. 마을 사람들이 선거로 뽑은 나누시였으니까요. 쇼조는 롯카쿠가가 다스리는 땅이었던 롯카마을 농민들의 힘을 모아 뇌물에 눈이 먼 롯카쿠가 고용인들을 파면해 달라고 요구하며, 롯카쿠가를 개혁하는 일에 힘을 기울입니다.

마침 시대는 막부 말기, 동란이 일어나던 시기였어요. 1867년(게이오 3년) 12월에는 왕정복고(무가정치를 폐하고 군주정치로 되돌리는 것)를 명하는 대호령이 내려져 이듬해에는 메이지 시대가 열리죠. 그 메이지 원년인 1868년 1월에는 도바후시미 전투가 일어나 도쿠가와 막부군은 크게 패하고 맙니다. 2월에 새로운 정부의 토벌군이 에도로 대진격을 시작하지요.

교토 남쪽의 도바·후시미에서 벌어진 정부와 사쓰마·죠슈 연합군의 싸움으로 보신전쟁의 발단이 되지요.

메이지유신이라는 혁명이 일어나는 가운데 마을 자치를 위해 싸운 쇼조는 끝내 붙들려 에도야시키의 옥에 갇힙니다.

에도성은 가쓰 가이슈와 사이고 다카모리가 마주 앉은 회담으로 피를 보지 않고 성문이 열리죠. 바야흐로 시대는 달라졌습니다. 쇼조는 그때 스물아홉 살이었어요.

옥을 나선 쇼조는 고나카마을로 돌아갈 수가 없어 일단은 친척집에 머물게 돼요. 롯가쿠가가 귀향을 금지했으니까요. 그리고 롯카쿠가 개혁 사건의 운동 자금으로 쓰기 위해 꾸어 쓴 돈을 논밭을 팔아 갚습니다. 천 냥이나 되는 큰돈이었죠. 수업료로 쓰려고 모아 뒀던 돈보다 비싼 수업료를 치른 거예요. 롯카쿠가 사건은 그러나 헛된 수업은 아니었습니다. 청년 쇼조는 롯카쿠가와 같은 낡은 시대의 유물을 규탄하며 마을 자치를 위해 몸 바쳐 싸우는 과정에서 메이지유신 이후에 새로 등장하는 권력으로부터 인민을 지키는 삶을 배운 셈이 되었으니까요.

이와테의 감옥도 대학

이웃 마을에서 글을 가르치는 쇼조더러 에사시현으로 가라는 이야기가 있어, 쇼조는 그곳 관공서에서 하급 관리로 일하게 돼요. 맡은 일은 백성들의 어려움을 살피는 일이었습니다. 쇼조는 마을마다 돌아다니며 도호쿠 농민들의 곤궁한 모습을 상세히 조사했어요. 흉작으로 겨울나기가 어려웠던 도호쿠 지방 농민들의 살림은 비참했습니다. 겨가 붙은 피에 소금을

오늘날 이와테현의 동부와 북서부, 아키타현의 북동부를 관할하는 행정 구역으로, 쇼조는 오늘날 아키타현에 해당하는 지역으로 부임했습니다.

쳐서 쑨 죽을 훌쩍이며 겨우겨우 목숨을 잇고 있었죠. 쇼조는 '고향을 떠올리며'라는 짧은 시를 씁니다.

백성들 겪는 궁핍함을 보자니
동쪽에 있는 우리 고향 생각이 칩떠오르는구나

이렇게 살다가 쇼조에게 생각지도 못한 불행한 사건이 일어나죠. 2년 뒤인 1891년 2월, 상사가 어떤 자의 손에 죽거든요. 살인 사건이지요. 범인을 찾지 못한 채 3개월 남짓이 지난 6월 10일, 쇼조가 느닷없이 체포됩니다.

쇼조는 스물네 살 때 이시즈카마을의 오사와 가쓰와 결혼했지만 에사시현에는 홀로 부임한 처지라 가사도우미로 열다섯 살 먹은 계집아이를 두었어요. 사건이 일어난 저녁, 쇼조는 그 아이와 함께 집에 있었는데 그 아이가 취조당하다 그만 "저는 깊이 잠든지라 아무것도 모릅니다." 하고 말하는 바람에 알리바이를 증명할 수가 없었던 거지요.

죄 아닌 죄를 뒤집어쓰고 쇼조는 에사시의 감옥에 갇혀 있다가 이듬해 5월, 이와테의 감옥으로 이송되었습니다. 그래도 이와테의 감옥은 다다미방에다, 책도 자유로이 읽을 수 있었어요.

쇼조는 옥중에서 주로 책을 읽었지요. 공부도 많이 했고요. 이맘

때는 메이지유신 직후라 영국의 새뮤얼 스마일스가 쓴 《Self Help 자조론》를 나카무라 마사나오가 일본어로 옮긴 《서국입지편》이 널리 읽혔습니다. 일본 청년들 대부분이 읽은 엄청난 베스트셀러로 "메이지의 성서"라고 불리울 정도였어요. 머리말에 실린 "하늘은 스스로 돕는 자를 돕는다."는 격언에서도 알 수 있듯, 독립독행으로 성공한 300명 가까운 이들의 실화를 바탕으로 자조 정신을 힘주어 말한 책이지요. 쇼조는 이참에 말 더듬는 버릇을 고쳐 보겠다며 이 책을 소리 내어 되풀이해서 읽습니다.

메이지 초기에는 또 후쿠자와 유키치가 쓴 《학문을 권함》이나 존 스튜어트 밀이 쓴 《자유론》 따위가 많이 팔렸습니다. 《학문을 권함》은 초등학교 교과서에 실린 만큼 청소년들은 새로운 시대의 학문으로써 유럽의 근대 정신을 흡수하고자 열심히 이 책을 읽었어요.

훗날 쇼조를 알게 되는 〈마이니치신문〉의 기노시타 나오에도 1876년 신슈 마쓰모토에 있는 초등학교에 부임했는데 "일식이나 월식은 해나 달의 고질병이라고들 이르지만 이제 그 법칙이 명백해 졌다."면서 과학에 눈을 떴다고 쓰고 있지요.

일본의 혼슈 내륙 지방에 자리 잡은 나가노현을 이르는 별칭입니다.

기차가 달리고, 전신이 날아가고, 가스등이 불을 밝히고, 문명이 바야흐로 꽃피려 하고 있었습니다. 쇼조는 1874년 4월까지 3년 동

안이나 옥중에 있었습니다. 하지만 새로운 시대의 책을 많이 읽으며 자유롭고 평등한 삶을 좇는 서양 인권 사상의 영향을 받았어요. 감옥도 또한 '대학'이었던 것이지요.

새로운 시대의 물결

1874년 5월, 쇼조는 5년 만에 고향 고나카마을의 흙을 밟았습니다. 그이가 옥에 갇힌 동안 시대는 놀랄 만큼 빠르게 바뀌어 갔어요. 3년 전 폐번치현(본래 있던 번제를 없애는 한편 전국에 군현제를 실시하고 중앙집권을 하려는 시책입니다.)이 이루어지면서 고나카마을을 비롯해 닛코현을 거쳐 도치기현에 이르기까지 군현제가 실시됐거든요.

메이지유신으로 260여 번국이 모인 봉건국가 일본은 와르르 소리를 내며 무너졌고 덴노를 정점으로 하는 통일국가가 출현한 겁니다. 사농공상에 기반한 신분제도는 없어지고 사민이 법적으로는 평등해졌어요. 마을마다 초등학교가 설치되고 의무교육 학제가 발포되었죠. 쇼야나누시제를 대신해 구장과 호장이 설치되는 대구소구제가 포고되고, 징병령이나 토지세 개정과 같은 대개혁의 새로운 물결이 쇼조의 마을에도 철썩철썩 밀려온 거예요.

이해 1월, 이타가키 다이스케가 쓴 〈시민이 선출하는 의회를 세우고자 하는 의견서〉가 폭넓게 호응을 얻으면서 자유민권운동이 일본

곳곳으로 퍼져 갑니다.

자유민권운동이란 인민의 자유와 권리를 주장하며 정치 참여를 요구한 운동이에요. 선거로 뽑힌 이들로 국회를 꾸리고, 헌법을 만들고, 의회에서 정치를 운영해 나가자는 생각인 거지요. 도치기현에서도 헌법을 만들고 민중들 속에서 선거로 선출된 사람이 국정을 다스려야 한다는 목소리가 높아 가죠. 와타라세강 하류에 가까운 즈가군 마나카마을(지금은 오야마시 마나카가 되었는데, 이곳은 우리 어머니가 태어난 곳이지요.)에 사는 농민 다무라 세이지는 "헌법을 제정하고 법률 아래 국민을 국정에 참가시키는 정치 형태는 독재 정부와는 달리 우리 인민에게도 정치권을 주는 것으로 바로 민권의 여명이라 해야 할 것입니다."고 했어요.

그 새로운 시대가 동트던 때에 쇼조도 함께 일어서고자 한 겁니다. 새로운 나라를 만들어 가려는 정치나 학문이 청년들의 정신을 북돋았지요.

당시 메이지 청년들이 즐겨 읊은 한시가 그 열기와 도취를 잘 보여 줍니다.

사나이 뜻을 세워 고향을 떠나니

배움을 이루지 못할 바에야 돌아가지 않으리

뼈 묻힐 곳이 고향 땅뿐이랴

사람 사는 곳곳에 청산이 있을지니

— 승려 겟쇼

쇼조도 가만히 있을 수는 없는 심정이었죠. 그런데 옥살이로 3년에 걸쳐 책 읽기에 몰두하며 새로운 지식을 배우고 익히기는 했지만 체력은 많이 떨어지는 바람에 피로가 쉽게 풀리지 않았습니다. 그래서 생각 끝에 마을에 야학을 열어 스스로도 공부를 계속하면서 마을 청년들을 가르치기로 해요.

이때 쓴 공책을 함께 볼까요? 쇼조는 마을에서 혹심한 차별을 받는 사람들을 사랑한다고 썼습니다. 당시 마을 사람들은 백정과 같은 그러한 최하층 사람들과 함께 차를 마시는 것도 마다했는데요. 쇼조는 그릇에 담긴 물을 함께 마시고, 목욕물을 쓸 수 있게 해 주고, 술도 나눠 먹었어요. 이걸 듣고는 마을 사람들은 쇼조의 이러한 행실을 얕잡아 봤고 친척들도 걸음을 멀리하게 되었지만 쇼조는 사람은 다 같고 차별은 안 된다며 설득했대요. 하지만 그럴수록 상대는 눈살을 찌푸리고 침을 뱉고 끝내는 마실을 오는 것도 마다했으니 너무 불편하다고 썼어요.

쇼조는 마음속으로 생각했습니다. 사람은 누구든 다 평등하고, 같은 권리를 누려야 한다고요.

옥중에서 읽은 책을 통해 서양 인권 사상의 영향도 받았거니와,

낡은 시대에 마을 사람들의 권리와 자치를 위해 목숨 걸고 싸운 경험자로서 생각했어요. 사민평등이라 일컫는 새로운 시대에 참된 평등이란 과연 무엇일까. 인간의 자유와 권리는 어떻게 나타나야 할까. 쇼조는 이런 문제를 두고 마을 현실에 비추어 계속 배워야만 했던 겁니다.

토지세 개정과 세이난 전쟁

마을에서 가장 어려운 문제는 토지세를 개정하는 일이었어요. 여태는 땅을 빌린 대가를 농산물로 내던, 도조와 같은 봉건적 부담이 수백 년 이어져 왔지요. 토지세 개정은 일본 전역에서 땅 등급에 따라 세금을 매기고 그 세금을 돈으로 걷는 방식으로 단번에 바꾸는 아주 새로운 전환입니다. 이 개혁으로 땅을 가진 농민은 소유권이 인정되었고 농사지을 자유와 땅을 사고팔 수 있는 자유를 얻게 되는데요. 하지만 곧 메이지 정부가 옛 막부 시대의 연공제를 능가하는 세금을 뜯어 가려고 한다는 것이 알려졌어요. 땅값을 결정하는 방법에도 불만이 터져 나오면서 농민들이 끝내 들고 일어나고야 말았지요. 그게 전에 본 적 없는 커다란 규모였습니다.

고나카마을에서는 어떻게 풀었을까요? 쇼조는 자신의 논밭 등급을 올리고 마을 사람들 논밭의 등급을 내려서 이들의 조세를 싸게 매김으로써 마을의 다툼을 잠재웠습니다. 정부가 마을 일에 끼어들지 못하도록, 주민들이 서로 토론하고 의견을 나누며 운영하는 자치의 힘으로 마을 일을 풀어 보고자 힘쓴 것이지요.

이런 가운데 1877년 1월, 세이난 전쟁이 일어나지요. 정부에서 물러나 고향 가고시마로 돌아간 사이고 다카모리가 일으킨 봉기입니다. 이는 일본의 자유민권운동에 영향을 미쳤을뿐더러 각지에서 반정부 사족들의 저항을 불러일으켰어요. 쇼조는 비적의 오명을 쓴 사이고를 동정했습니다. 그러한 생각을 구장한테 말했다가 그걸 빌미로 구장이 쇼조를 의심하는 바람에 학생들이 야학에 다니지 못하도록 방해하는 일도 있었죠. 쇼조는 끝내 야학 문을 닫을 수밖에 없었습니다.

세이난 전쟁은 불평등함을 억울하게 여긴 사족들이 일으킨 반란이 되어 버린 채, 9월에 그 매듭이 지어지지요. 그런 가운데 6월에 도사(일본 시코쿠 고치현 니요도강 서안의 한 도시)의 릿시샤가 국회를 열어 달라는 의견서를 내면서 자유민권운동은 농민대중이 참가하는 운동으로 퍼지게 되었어요.

> 이타가키 다이스케를 중심으로 한 도사 번사족이 만든 정치 단체로 일본의 국회 개설 운동에서 중요한 축을 담당했지요.

정치를 해야겠다고 마음먹다

간토 지방의 궁벽한 시골에 살던 쇼조도 자유민권운동에 몸을 담그기 시작하지요. 그런데 쇼조의 생각과 행동은 좀 특이하기도 하고 훌륭하기도 했습니다. 세이난 전쟁 때 땅을 사서 돈을 제법 벌었는데요. 그는 이 돈을 다시 돈벌이에 투자하는 것이 아니라 자신이 이제부터 원하는 삶을 살아가는 데 쓰자고 정하거든요.

《다나카 쇼조 옛이야기》를 보면 쇼조는 세이난 전쟁 때 물가가 오를 거라고 보아 광이나 헛간을 팔아 땅을 사들였대요. 그리고 몇 달 사이에 3천 엔이란 이문을 남겼고요. 지금 돈으로 환산하면 어마어마한 돈이지만 더 벌자는 생각이 없었습니다. 이건 여느 사람과는 하늘과 땅 차이네요.

쇼조는 1878년에 이렇게 세 가지를 정해요.

하나, 오늘부터 돈벌이를 위해 새로운 일을 벌이는 데 마음을 쓰지 않을 것.
하나, 공공을 위해 해마다 120엔씩을 앞으로 35년 동안 활동비로 쓸 것.
하나, 양자 둘은 충분히 가르쳐 독립시킬 것.

이때 쇼조 나이가 기껏 서른여덟 살이었거든요. 그런데 남은 삶은 공공을 위해 정치에 바치겠다고 큰 결심을 한 것이죠. 뒷날 쇼조와 깊은 인연을 맺고 《다나카 쇼조의 생애》, 《다나카 쇼조 옹》을 쓴 기노시타 나오에는 이 무렵 쇼조의 결심을 '발심'이라는 불교 용어로 표현했는데요. 정치를 향한 쇼조의 결심은 이렇듯 문자 그대로 온 생애에 걸쳐 온 몸과 온 마음을 바치려는 굳은 의지였습니다.

쇼조와 아내 가쓰 사이에는 아이가 없었어요. 그래서 아들, 딸 양자를 들여 자식으로 키웠습니다. 쇼조가 이때 서른여덟이니, 마냥 젊지만은 않은 나이거든요. 대개는 가정을 제일로 생각하고, 집안을 이을 후계자 생각도 해야 할 겁니다. 그런데 쇼조는 식구들과 인연을 끊을 각오를 하고, 앞으로 일생을 벌이에 마음 쓰지 않으며, 가진 돈 3천 엔은 앞으로 35년, 동안 그러니까 일흔세 살까지(우연히 일흔셋에 돌아갔는데 당시 평균 수명이 마흔서너 살이니 오래 산 생애로 볼 수 있습니다.) 공공을 위해 쓰겠다고 계획을 세운 거예요. 그리고 그 뜻을 부친께 전한 글에 "쇼조에게는 4천만 동포가 있습니다. 그중 2천만은 부형이고 2천만은 제자가 됩니다. 하늘은 곧 우리 지붕이고, 땅은 곧 우리 집 마루가 됩니다."라고 썼지요.

노친은 이 결심을 달갑게 여겨 어떤 선종 스님이 남긴 "죽어서 부처가 됨은 쓸데없는 일, 살아 있는 동안 좋은 사람이 되어라." 하는 가사를 써 격려했다고 하니 여간 훌륭한 분이 아니죠. 그리고 평범한 가정의 남편과 달리 비범한 쇼조의 결심을 받아들여 응원한 아내 가쓰도 시아버지 못지않게 훌륭한 여성이었어요. 뒷날 일이지만 이 자금 계획은 쇼조가 이어진 선거로 돈을 몽땅 탕진하면서 물거품이 됩니다. 아내 고생은 두말할 것 없었죠.

그런데요, 땅을 사고 팔아 큰돈을 벌었으니까 정치에 마음이 동했다, 이건 좀 석연치가 않습니다. 이 토지 매매를 두고는 요즘 의문을 제기하는 논고도 있고요. 과연 쇼조가 《다나카 쇼조 옛이야기》에서 하는 말이 진실한지 어떤지는 앞으로 이어질 연구로 분명해질 거예요. 여기서는 쇼조가 서른여덟 살에 남은 삶을 모두 정치에 바칠 결심을 한 그 점에 중점을 두고 살피려고요.

쇼조의 민권운동과 주세쓰샤

공공을 위해 생애를 바치겠다고 결심한 쇼조가 내디딘 첫걸음은 구의원이었습니다. 고나카마을은 이웃 마을과 함께 도치기현 4대구 가운데 3소구에 들어가는데, 거기 의원이 됐지요. 쇼조는 기쁜 날 먹는 팥밥을 지어 이웃과 나누고, 목욕탕에 들어 몸을 깨끗이 씻은 뒤에 이 지령을 받았습니다. 이웃들은 구의원 됐다고 뭘 그렇게까지 하나 하고 비웃은 것 같지만 쇼조에게는 새로운 시대에 선거에서 뽑혀 자신이 사는 지역 문제에 몸을 바치게 된다는 게 아주 중요하고 신성한 일이었어요. 쇼조는 이 새로운 출발의 원점을 일생 두고 잊지 않았습니다.

구의원으로서 작은 정치 세계에 첫걸음을 내디딘 쇼조는 도치기현을 대표하는 민권운동가로서도 활동하기 시작하지요. 1879년 8월에는 지난해에 창간됐다가 폐간돼 버린 〈도치기신문〉(훗날 〈시모쓰

케신문〉이 되지요.)을 복간하고, 편집장이 돼 "국회를 설립하는 것이 오늘날 급무"라는 제목으로 사설을 썼어요. 인민에게 정치에 참여할 권리를 주고 국회를 개설하지 않고서는 인민들의 바람을 이룰 수 없다는 내용이 담겼는데요. 이 글 덕분에 도치기현 안에서 국회 개설 운동이 활발하게 벌어지게 되었을 뿐 아니라 일본 전역의 자유민권운동과도 연결될 수 있었죠.

이해 도치기현의회가 발족이 됩니다. 하지만 쇼조는 제1회 선거에서 아쉽게도 차점으로 떨어졌다가 이듬해인 1880년 2월에 열린 아소군 보궐선거에 당선돼 도치기현의회 의원이 되지요. 마을에서 현으로 활동 무대가 옮겨지는 한편 더 넓어진 겁니다.

1880년에는 일본 전역에서 국회 개설 운동이 크게 벌어집니다. 쇼조도 이때 아소군 사람들이랑 민권 단체를 꾸려요. 이윽고 이 단체 이름을 '주세쓰샤'라고 붙이고 와타라세강과 잇닿은 도치기현에 속한 네 군, 그러니까 아소, 아시카가, 야나다, 시모쓰가에서부터 군마현 오우라군까지 활동 범위를 넓히죠. 그가 정한 단체 규약을 보면 회원 자격을 일본 국민이라고 하면서도, 귀화해서 3년이 넘은 이들도 가입할 수 있다고 보태 놓았는데요. 이런 걸 보면 굉장히 앞선 집단이었던 거지요.

주세쓰샤 회원들의 뜻을 모아 쇼조가 만든 국회 개설을 위한 의견서 초안은 이러했어요.

1. 정부의 목적은 인민들 복지를 도모하는 것이니 인민은 정치에 참여할 의무가 있다.

2. 인민이 납세와 징병이라는 2대 의무를 부담하고 있는 만큼 정부는 세금의 수입과 지출을 분명히 해야 한다. 그것을 위해서도 국회가 필요하다.

3. 인민이 품은 여러 가지 불안은 정부 정책이 마땅치 않아서 생기는 것이니 국회를 개설하지 않으면 풀리지 않는다.

4. 정부는 시기상조라며 국회 개설을 거부하지만, 인민들의 정치 지식은 눈부신 속도로 발전하고 있고, 지방자치를 통해 능력도 길렀고, 아주 어려운 일이었던 지세 개정도 인민들이 주체성과 자치 능력을 발휘해 해결했으므로 충분히 국회를 개설할 수 있다.

5. 오늘날 전국 인민들의 여론은 거의가 국회 개설을 바란다.

쇼조는 이 의견서 초안에 "인민들 자치의 기상이 드높다."는 말을 썼지요. 그이가 인민 자치와 여론을 생각의 바탕에 두고 있었다는 걸 알 수 있어요. 그러니까 쇼조는 이 시대에 벌써 오늘날과 같은 '의회제 민주주의'를 제창한 셈이에요.

언제나 민중의 처지에 서서

쇼조는 10여년 동안 도치기현의회 의원으로 활약합니다. 이때 쇼조는 중앙정부의 간섭을 없앤 지방자치를 확충할 것, 지방세를 싸게 하고 사람들 부담을 덜도록 행정비를 절약할 것, 소학교 교육을 보급 확충할 것, 여성 교육을 중시할 것 따위를 주장했지요. 유이 마사오미가 이와나미신서에서 낸《다나카 쇼조》를 두고 설명할게요.

먼저 교육에 대해 쇼조가 가진 특이한 생각은 이러했어요.

중학교를 없애고 사범학교와 소학교를 확충하자고 했죠. 1886년 학교령이 발령되어 소학교, 중학교, 사범학교, 제국대학(현재 도쿄대학이죠.)과 같은 체계가 서고, 도치기현에서도 중학교(나중에 저도 여기 중학생이 됐지만)가 겨우 생겼는데 이걸 없애자는 거예요. 그러니까 아주 난폭한 의견 같잖아요?

하지만 쇼조가 생각한 것은 이런 거죠. 그 무렵 중학교는 부잣집 아이들이나 들어가는 학교였고, 소학교는 가난한 아이들도 다니는 학교였어요. 그러니까 중학교는 없애고 누구든 배울 수 있는 소학교 수준을 더 높이자는 거예요. 그렇다면 거기서 가르칠 교사들 질을 높여야 할 거고, 그러자면 사범학교에다 힘을 기울이면 된다는 생각인 겁니다.

오늘날과 달리 중학교를 다니는 아이는 마을에서 한둘이었어요. 제가 중학생 때만 해도 그랬으니 당대는 읍이나 마을의 자산가나 대지주의 아이들밖에는 다니지 못했어요. 쇼조는 가난한 농민들 편에

서서 소학교 교육을 중요하게 여긴 것이지요.

여성 교육도 중요시했는데요. "일본 인민들 반은 여성이다. 그러니까 여성 교육이 잘돼야 한다. 그렇잖으면 일본 인민들 반은 문맹 종족이 되고 만다."고 했습니다. 쇼조는 남녀는 평등하다고 생각했어요.

병원에 대해서도 독특한 생각을 품고 있었습니다. 현립 병원을 폐지하자는 거죠. 몇몇 도시에만 있는 현립 병원을 없애면 민간 의원들이 지역에 진출할 테니 지역 의료가 발달할 것이다, 또 현립 병원을 폐지하면 그 예산을 가난한 사람들 의료비로 돌릴 수 있다는 겁니다. 그때는 의사가 없는 마을, 그러니까 무의촌이 많았어요. 그러니 쇼조 주장은 그야말로 밑바닥에서 가난하게 사는 민중들 처지에선 것이었다는 걸 알 수 있죠.

쇼조는 겉모양만 차려서 위에서 내려 먹이는 개혁이 아니라 늘 민중 쪽에서 자주 독립하려는 정신을 간직한 일본의 근대화를 내다보고 있었습니다.

미시마 현령과 맞서다

후쿠시마 현령인 미시마 미치쓰네가 1883년 10월 도치기 현령을 겸해 취임했어요. 스스로를 사쓰마하야토라 불렀고, 사람들에게는 "토목 현령", "피도 눈물도 없는

사쓰마 번의 무사를 멋스럽게 나타낸 말이지요.

58

현령"이라고 불리던 이지요. 현령이란 정부가 임명한 도지사 같은 거예요.

미시마는 후쿠시마 현령 때부터 "집을 불태워 도둑질하는 자와 자유당(메이지 14년, 그러니까 1881년에 일본에서 처음으로 조직된 정당입니다. 자유 민권 확장과 입헌정체 수립을 지향했죠.)은 내가 일하는 곳에는 한 마리도 없다."고 호언하며 민권운동을 탄압하던 악귀 같은 현령이거든요.

미시마 현령은 부임하자마자 현청을 도치기에서 우쓰노미야로 옮기도록 정하고 이듬해인 1884년 봄에는 현의회에 토목공사를 위한 토목비를 제안했죠. 도치기현을 남북으로 관통하고 남쪽은 도쿄, 북쪽은 도호쿠 지방으로 통하는 일등도로(오늘날 일본 국도 4호)를 만들자는 거였어요. 그런데 그 비용이 무려 17만 7천 엔이나 되는 엄청 큰 공사거든요.

쇼조는 현의회에서 미시마 현령의 도로 개발 정책에 철저히 저항합니다. 현의회에서 한 의원이 물산 유통이나 사람들이 오가는 의미에서 "도로를 고치는 것은 문명의 어머니이다." 하고 발언했는데 이에 대해 쇼조는 이렇게 대꾸해요.

"그야 그렇죠. 도로에 관해 그저 책에 쓰인 내용을 인용한다면 문명의 어머닙니다. 이 어머니를 위해 돈을 아껴서는 안되겠죠. 길을 고치지 않는다는 건 책이 주는 지식으로 보면 어머니를 죽이는 행실이 됩니다. 하지만 책이 주는 지식에서 좀 떨어져 실제를 돌아보면 살인이라 불리우더라도 결코 길 고치는 일은 보류해야 합니다. 도로가 조금 파손돼 있어도 좀 참고 때를 기다려야 합니다."

쇼조가 '실제'라고 한 말은 일반 민중이 무척 가난하고 힘들게 사는 현실을 두고 한 말이지요. 이해부터 이듬해까지 일본 전역에 기근이 닥쳐 사망자가 속출했어요. 도치기에서도 굶주림으로 죽을 지경에 놓인 사람들이 무척 많았거든요. 1885년 5월 〈조야신문〉은 "비참함이 극에 달함. 풀뿌리와 나무껍질을 씹고, 죽은 말 고기를 먹음."과 같은 도호쿠 지방 빈민들 참상에서부터 규슈 변두리에서는 "굶어죽는 자가 엄청 많"다는 글에 이르기까지 전국에 걸친 참상을 보도했어요.

이런 상황인데 거액의 예산을 도로 정책에 들인다니 말이 안 된다고 쇼조는 노하며 맞서죠.

곁다리 얘기지만, 쇼조는 "피도 눈물도 없는 현령"인 미시마 미치쓰네를 상대로 큰 소리로 당당하게 논진을 펼친 덕분에 '도치친'이란 별명을 얻습니다. 이 이름은 '도치기 친다이'를 추린 말인데 친다이란 당시 도쿄 바깥 지방에 설치된 육군의 군단(도치기에는 없었습니다.)을 가리키는 말이거든요. 그만치 쇼조가 도치기현의회에서는 아주 두려운 존재였던 거예요.

그렇지만 쇼조의 반대에도 도로 공사는 의회에서 다수결로 강행

되었어요. 미시마 현령은 길가에 사는 주민들에게 기부금을 강요했고, 집집마다 수십 일 동안이나 무임 노역을 시켰대요. 빠지면 대신할 사람을 쓸 비용으로 아주 큰돈을 내게 했고요.

하루는 노역에 동원된 주민들이 공사장에 조금 늦게 나갔나 봐요. 그 일로 감독을 맡은 경찰관이 야단해서 73명이나 되는 주민들을 경찰에 연행해 고문을 가하고 난폭하게 굴었대요. 쇼조는 현장으로 뛰어가서 관헌의 불법 행위를 조사하고, 도쿄에 올라가 궁내경이나 내무경인 야마가타 아리토모 들에게 호소했어요.

그런데 이때 마침 가바산 사건이 일어났거든요. 자유당 과격파가 쓰쿠바산 바로 북쪽에 있는 가바산에서 무장봉기를 일으켰는데, 미시마 현령은 이 사건을 이용했어요. 쇼조도 관여했다고 말이죠. 그래서 체포해 가지고 우쓰노미야 감옥에 가둡니다. 쇼조는 세 번째 옥살이를 하게 됐지요.

1884년은 이태 전에 일어난 후쿠시마 사건에 이어 여러 사건이 일어난 해거든요. "지난 일을 돌이켜 보라. 미국의 독립도 농민들이 봉기했으니 실현되지 않았는가. 우리도 피흘려 싸워 자유의 토대를 지켜야 한다." 하고 3천여 명의 농민과 자유당원들이 묘기산 기슭에서 봉기한 군마 사건을 비롯해 지치부 곤민당의 봉기와 가바산 사건처럼 간토 지방 곳곳에서 자유민권운동이 활발했어요. 미시마 현령은 이러한 운동을 탄압해 온 사람이라, 쇼조를 이 일파라고 낙인 찍어 체포한 거죠.

소조는 공판이 벌어지면 거기서 미시마 현령의 폭정을 폭로할 생각이었는데 공판이 열리기는커녕 79일 동안이나 갇혀 있어야 했어요. 그동안 미시마는 내무성으로 옮겨가 토목국장이 됐고 얼마 지나지 않아 경시총감까지 승진하죠. 소조는 연말에야 겨우 석방돼서 현민들에게 큰 환영을 받습니다.

그후 1886년 4월, 소조는 도치기현의회 의장으로 선출되지요. 그때 그이의 나이가 마흔여섯 살이었습니다.

3

동아시아 공해의 시작, 광독을 만나다

1885년(메이지 18년) 12월 22일, 일본에서 처음으로 내각이 탄생했습니다. 초대 내각 총무대신은 조슈 번(지금은 야마구치현이 되었습니다.) 출신의 이토 히로부미였죠. 이 내각은 헌법을 만들고 국회를 개설할 준비를 해야 했습니다.

이윽고 1889년(메이지 22년) 2월21일, 대일본제국헌법이 발포되고 발포식이 성대히 열립니다. 이날은 도쿄도의 모든 시에 전광 장식으로 불을 밝힌 봉축문이 세워졌고, 축하 행렬이 시내를 누비며 근대 일본의 시작을 경축했어요.

일본 국민은 역사상 처음으로 헌법을 갖게 되었죠. 메이지 헌법의 주된 조문은 이렇습니다. 앞으로 쇼조 삶의 태도에서 뿌리가 되는 것이니까 읽어 주세요.

제1조 대일본제국은 만세일계로 덴노가 이를 통치한다.

제3조 덴노는 신성하여 범할 수 없다.

제4조 덴노는 나라의 원수로서 통치권을 모두 관할하고 헌법의 조규條規에 따라 이를 행한다.

> 일본 왕실의 시조 진무 덴노 이래로 그 혈통이 끊어지지 않고 2천 년 넘게 이어져 왔다는 뜻입니다. 역사학계는 실제로 그러했을 가능성을 낮게 보지만, 일본 민중은 오래도록 이렇게 믿어 왔다고 해요.

제20조 일본 신민臣民은 법률이 정한 바에 따라 병역의 의무를 진다.

제21조 일본 신민은 법률이 정한 바에 따라 납세의 의무를 진다.

제27조 일본 신민은 그 소유권을 침해 당하지 아니한다.

제29조 일본 신민은 법률의 범위 안에서 언론, 저작, 인행印行, 집회 및 결사의 자유를 지닌다.

제30조 일본 신민은 상당한 경례敬禮를 지켜 따로 정해지는 규정에 따라 청원할 수 있다.

제33조 제국의회는 귀족원과 중의원 양원으로 이를 성립시킨다.

제35조 중의원은 선거법이 정하는 바에 따라 공선公選된 의원으로 이를 조직한다.

오늘날 일본헌법에 견주면 차이가 크다는 걸 알 수 있지요. 당시 일본은 덴노가 통치하는 나라였습니다. 그래서 덴노의 신하인 국민은 병역 의무를 져야 했어요. 덴노의 주권을 부정하며 덴노를 '일본국의 상징'으로 정하고 전쟁을 포기하고 군대를 가지지 않는다고 정한 현재의 평화헌법과는 물과 기름만큼이나 다르죠.

하지만 헌법으로 국민의 권리와 의무를 정했고 국회를 인정했다는 말이기도 합니다. 그러니까 일본은 입헌군주제로, 의회정치를 하는 근대국가로서 역사상 처음으로 헌법에 따라 국민의 생활을 수호하게 되었습니다. 조금 전 에도시대를 돌이켜 보면 눈이 반짝하는 새로운 세계가 펼쳐지게 되었으니까요. 온 일본에 축제 소동이 일어났다는 걸 상상할 수 있겠지요.

궁중에서는 이날을 위해 새로 화려하게 지은 정전의 드넓은 방에서 축하 행사가 거행되었습니다. 다나카 쇼조는 이 제국헌법 발포식에 도치기현의회 의장으로서 참석했습니다.

이때 각 부 현의회 의장들의 '참석'이 허락된 데는 쇼조의 힘이 컸지요. 아직 국회가 구성되지 않았으니, 선거로 선출된 각 부 현의회 의원의 장인 현의회 의장이야말로 인민의 대표가 된다, 그러니 참석할 자격이 있다고 주장했거든요. 쇼조는 "덴노는 신성하여 범할 수 없다."라는 생각에는 마뜩잖고 냉랭하게 대했지만 헌법은 인민이 만든 것이라는 강한 자부가 있었습니다.

메이지 헌법이 정한 대로 국회는 이원제이지만 중의원은 국민의 선거로 선출된 의원으로 구성됐어요.

제1회 총선거가 이듬해인 1890년(메이지 23년) 7월에 열렸습니다. 입법개진당에 들어 있던 다나카 쇼조는 고장인 도치기 제3구(아소·아시카가·야나다)에 입후보했습니다. 아시카가마치에서 입후보한 쇼조는 의석 하나를 두고 한 후보자와 다투게 됐어요. 당시 선거전은 운동원들이 칼이 든 지팡이나 칼을 가지고 다니거나, 품에 총이며 단도를 숨기고 다니는 따위로 아직 에도시대가 살아 있는 어마어마한 것이었지요. 게다가 기명투표여서 누가 누구한테 투표했는지 알 수 있었고요. 그런 선거에서, 쇼조는 797표, 상대 후보인 기무라 한베에는 672표를 받아 쇼조가 당선되었습니다.

표수가 너무 적어 보이나요? 그래요. 그때 중의원 선거권은 토지세를 1년에 15엔 이상 납부한 사람 가운데, 스물다섯 살이 넘은 남자들만이 가질 수 있었거든요. 그런데 토지세를 15엔 넘게 내려면, 걸고 실팍한 논을 1.3헥타르(약 4천 평) 넘게 가진 이라야 하니까, 한 마을에 이삼십 명밖에 안 됐던 거죠.

당시는 지주제여서 지주의 땅을 빌려 농사를 짓던 가난한 농민(소작인)이 많았습니다. 좀 다른 얘기가 되지만, 일본에서 모든 농민이 제 논밭을 갖게 된 것은 아시아태평양전쟁(제2차 세계대전) 직후 실시된 '농지개혁'부터랍니다. 쇼조가 살던 시대에는 지주와 제 땅이 있는 자작농, 그리고 가난한 소작인이 모두 존재했어요. 헌법으로 소유권은 인정됐다 한들 선거권에는 차별이 있었고 빈부의 차이도 컸지요. 이해 여름부터 구리 광독으로 큰 피해를 입게 될 와타라세 강 연안의 마을들도 그런 농촌 사회였습니다.

쇼조는 중의원 의원이 되었습니다. 드디어 나라의 정치를 다스리는 마당에서 활약하게 됐지요. 때마침 그 나이가 쉰이 되던 해였어요. 앞서도 말했지만 그 무렵 쉰이란 은거해 아들 부부에게 대를 물리는 나이였으니 요즘이라면 월급쟁이 정년쯤 되겠죠. 그 나이로 중의원 의원이 됐다는 것은 아주 더딘 출발인 셈입니다. 게다가 정치를 결심할 때 마련한 자금을 앞으로 35년 동안 나누어 쓰겠다고 계획했는데, 구의원 이래 거친 선거와 이번 선거로, 그러니까 12년 동안 그 돈을 죄다 써 버린 거예요.

하지만 쇼조의 마음은 젊은이마냥 타올랐지요. 민권운동가이자 개진당 당원인 쇼조는 독재가 되어 가는 번벌 정부(조슈 출신의 이토 히로부미가 총리대신이니까 당대 정부는 이른바 삿초도히라 불리는 사쓰마(현재의 가고시마현)·

메이지유신에 공이 있는 번 출신들이 만든 파벌이지요.

조슈·도사·히젠(현재의 사가현)의 재야 인사들이 거의 차지했습니다.)에서는 국민들이 선출한 중의원의 정당정치가 중요하고, 정당

정치야말로 국민과 국가를 잘 꾸려 나갈 거라는 이상에 불타고 있었어요. 쇼조는 도쿄로 올라갔고, 가을에 제1회 제국의회가 열립니다.

하지만 만약 광독을 만나지 않았다면(역사에서 '만약'이란 말은 무의미하다 싶지만) 다나카 쇼조는 국민을 위해 힘쓰는 그저 그런 국회의원에 지나지 않았을지 모르지요. 일본 역사를 뒤집을 인물이 될 수는 없었을 거예요.

사람의 일생이란 재미있어요. 광독 피해라는, 일본 역사상 처음 벌어진 사건을 만나 그 괴로운 투쟁 속에서 다나카 쇼조는 쉰이 넘어서야 엄청나게 큰사람으로 성장하게 되니까요.

이런 쇼조와 함께하기 전에 시대를 거슬러 올라가 아시오 구리 광산에서 광독이 어떻게 흘러나오게 되었는지 우리, 알아볼까요?

아시오 구리 광산과 후루카와 이치베

사이고 다카모리의 세이난전쟁이 일어난 1877년, 후루카와 이치베는 아시오 구리 광산을 사서 경영하기 시작했습니다. 다나카 쇼조가 에사시와 이와테의 옥에서 겨우 마을로 돌아온 무렵에요.

아시오 구리 광산은 와타라세강이 시작되는 산속에 있었어요. 에도시대에는 도쿠가와 막부가 거느린 광산이었지요. 이 구리 광산을 무역상사의 지배인을 하던 후루카와가 사들일 때 무쓰 무네미쓰가 크게 도와준 것 같아요. 무쓰는 뒷날 농상무대신을 거쳐 외무대신까지 지냈고, 쇼조를 적대시한 사람이에요.

이 사람은 젊을 때 저 유명한 사카모토 료마가 이끈 가이엔타이에 몸담았다죠. "면도칼 무쓰"란 별 명으로 불렸는데 면도칼이 수염 을 척척 깎아 내듯 머리가 휙휙 잘 돌았대요. 유럽에서 유학도 해서

사카모토 료마가 나가사키에서 결성한 해운·무역상사로 일본 최초의 주식회 사이자, 일본 해군의 시작점이 됩니다.

서양의 지식도 풍부했고요. 그래서 가까운 사이가 된 이치베에게 이 렇게 말했을 거예요.

"서양은 아무거나 쇠로 만들어요. 분명코 철 세계거든요. 수가 적 은 군대로 나라를 지키자면 쇠와 구리와 석탄, 즉 광업하고 근대 제철소가 필요합니다."

이걸 듣고는 이치베가 구리 광산을 경영하기로 마음먹은 것 같아 요.

이치베는 아이가 없었어요. 그래서 무네미쓰의 차남인 준키치를 아들로 삼겠다는 약속을 맺고는 결국 양자로 들여 친척 관계를 맺었 지요. 1881년 아시오 구리 광산은 광맥을 새로 찾아냈고, 1884년이 되자 커다란 광맥을 또 발견합니다. 이로써 생산량이 훌쩍 늘어나 일본에서 으뜸 가는 구리 광산이 됐지요.

이듬해인 1885년에는 착암기와 보일러식 펌프가 들어와요. 전국 각지에서 갱부들을 모집하고, 증산 체제를 갖추게 되지요. 그런데

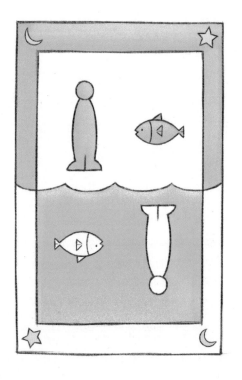

그해 여름 와타라세강에서 홍수가 나, 8월에는 물고기들이 왕창 죽기 시작했어요. 하지만 그 원인이 아시오 구리 광산에서 흘러나오는 광독에 있다는 건 아직 분명치 않았나 봐요.

구리 광산 위쪽 산간 마을에서는 2년 전부터 심각한 문제가 나타나고 있었거든요. 1883년에 만들어진 제련소 굴뚝에서 나온 연기가 마파람을 따라 흘러가, 상류에 있는 마을들의 뽕나무밭이나 숲의 나무들이 마르기 시작한 거예요. 이것은 연기에 섞여 나오는 아황산가스가 원인이었어요. 게다가 아시오 구리 광산은 구리를 제련할 때 연료로 쓸 땔나무며 갱목으로 쓸 통나무를 마련하겠다며, 정부가 관리하는 주변 숲을 사서 나무를 마구잡이로 벌채했지요. 그러니까 2년이 흐르면서 아시오 구리 광산 둘레와 상류 마을들의 연기 피해는 더 심각해졌어요. 그래서 이 피해를 해결하기 위한 화해 교섭이 시작됐어요. 그러는 중에 1887년 4월, 구리 광산 상류에 있는 마쓰키 마을에서 산불이 크게 나는 바람에 마을을 둘러싼 산들을 온통 태워 버렸어요.

이런 재난 속에서도 아시오읍만은 많은 갱부와 식구들로 번성했습니다. 이듬해에는 구리 광산에 큰 규모로 수직 갱도까지 건설해요. 따라서 구리 생산량은 더더욱 불어났고 후루카와 이치베는 요코하마에 있는 영국 상관과 1만 9천 톤이나 되는 수출 계약까지 맺게 되죠.

후루카와 이치베는 일본의 구리 광산왕, 아니 동양의 구리 광산왕이 된 거예요.

그런데 이치베가 경영하는 회

상관이란 다른 나라들과 통상이나 무역을 하도록 개항한 항구에 설치된 외국인 소유의 상점이나 무역 사무소를 이르는 말이었어요.

사는 구리 광산에서 나온 광석 부스러기나 제련할 때 나온 부스러기들을 와타라세강이 흘러나오는 곳에 그냥 버렸거든요. 둘레의 산은 산대로 제련소에서 나는 연기 피해를 입어 나무들이 죽어 갔고요. 장마나 태풍 철에 큰비가 내리면 광독을 머금은 탁류는 홍수가 되어 강 중류나 하류로 흘러갑니다. 그렇다면 마을들은 어떻게 될까요?

1888년, 1889년은 잇달아 큰물이 져 강물이 흘러넘쳤어요.

이런 와중에 제국헌법이 발포되고(1889년), 이듬해에 제1회 총선거가 실시되어, 다나카 쇼조는 중의원 의원이 됐습니다. 이때 차남을 아시오 구리 광산 산주인 후루카와 이치베에게 양자로 내어 준 무쓰 무네미쓰도 농상무대신 직책으로 와카야마현에서 입후보해 중의원 의원으로 당선되지요.

바로 이해, 1890년 8월에 광독으로 오염된 와타라세강에서 엄청나게 큰 물마가 집니다.

광독으로 오염된 와타라세강

와타라세강은 아시오산에서 시작된 물줄기에 이 산 저 산에서 흘러나온 작은 시냇물들이 모여 군마현 기류마치를 지나 간토평야로 흘러듭니다. 중류까지 와서는 왼쪽으로 도치기현 아시카가군, 아소군을 끼고 오른쪽으로는 쇼조의 선거구가 되는 야나다군을 거쳐 하류로 흐르지요. 하류 왼쪽으로는 도치기현 시모쓰가군, 이바라키현 고가마치, 그리고 오른쪽으로는 군마현 오우라군을 낍니다. 이렇게 유유히 흐르다가 맨 하류까지 가서는 오른쪽으로 사이타마현 기타사이타마군 가와베마을에서 도네강과 만납니다. 후루카와 이치베가 운영하는 아시오 구리 광산에서 광독이 흐르기 전까지는 아주 아름답고, 넉넉한 수산 자원으로 풍요롭던 강이었지요.

아시카가군 아즈마마을에 살던 농민으로, 쇼조보다 두 살 손위인 니와타 겐파치는 1898년에 출판한 〈광독 피해 지역 날짐승·길짐승·벌레·물고기 피해 사실 기록〉에서 당시 모습을 이렇게 썼어요.

1879년, 1880년쯤까지는 강 이쪽 기슭에서 건너편 기슭까지 그물을 치면 황어 같은 고기가 100관이나 잡혔어요. 황어 말고도 잉어, 송어, 농어 따위도 잡았지요. 늪이나 강가 일대의 흙에서는 메기나 붕어며 미꾸라지, 뱀장어 들이 신이 나서 신이 나서 헤엄쳤고요. 3월에 접어들면요, 덤불 속이나 둘레에 들국화나 머위며 참나물 따위

이 정도면 375킬로그램쯤 되는 양이라고 해요.

가 많이 돋아났고, 3월 축제에 쓸 쑥떡을 만드느라 쑥을 많이 뜯었답니다. 하지만 광독으로 오염된 땅에는 쑥이 거의 없어서 이젠 도네강 언저리까지 나가 뜯어요. 6월이면 들이나 와타라세강 지류에는 개똥벌레가 엄청 많이 날았거든요. 또 와타라세강에는 연어가 많이 거슬러 올라갔습니다만. ……

철에 따라 온갖 새, 짐승, 벌레, 물고기가 찾아오고 나무나 풀이 돋아나 아름다운 녹색으로 물들이는 와타라세강 대자연의 은혜를 겐파치 노인은 써 놨습니다. 이 글을 읽으면 후루카와 이치베가 아시오 구리 광산을 운영하기 시작하고 이삼 년이 지나고서부터 물고기들이 줄어드는 변화가 일어나기 시작했다는 걸 알 수 있어요. 예로부터 조그맣게 물마가 지기는 했지만, 홍수는 상류의 건흙을 중류나 하류로 날라 줬고 그로 인해 땅이 기름져졌으니 농민들은 오히려 반가워했죠. 하지만 쇼조가 중의원 의원이 된 1890년 8월에 진 큰물은 50년만이라는 대홍수였거든요. 게다가 여느 홍수와 달리 구리 광산에서 흘러나온 독을 머금은 오염수가 와타라세강 가로 펼쳐진 논밭을 적시고 말았던 것이지요.

공공의 이익을 해치는 자

큰물이 져 탁류에 뒤덮인 벼 이삭은 물이 빠지자 독을 먹은 듯 검은빛으로 변했어요. 그래서 이삭이 시들어 갔죠. 덮쳐든 물이 빠지고 나니 질척질척 굳어진 흙에서는 고약한 냄새가 났습니다. 와타라세강이며 늪이나 못에는 수많은 물고기들이 하얀 배를 보이며 떠 있었어요.

작년과 재작년 홍수 때도 비슷한 피해를 보았지만 이해에는 벼 이삭이 전멸했습니다.

이 사태에 몸을 일으킨 것은 쇼조의 선거구인 아시카가군 아즈마 마을에 사는 농민들이었어요. 아즈마마을은 지난해에 시행된 시제 정촌제로 와타라세강 중류의 시모하다와 가미하다를 비롯한 네 마을이 합쳐져 만들어진 마을이어서, 구리 광독을 피할 수 없는 지대였거든요.

아즈마마을 사람들은 전부터 농작물이 피해를 입는 원인이 아시오 구리 광산에서 흘러나오는 독 때문이라고 느끼고 있었습니다. 그러다가 이해 1월 도쿄전문학교 학생이자 뒷날에 아시카가마치 장이 되는 조 유스케를 비롯해, 강기슭에 사는 사람들이 모여 "광학계에 아시오 구리 광산의 황산구리 독을 시험해 줄 것을 요청"하자는 결정을 내리지요. 〈우편보지신문〉에 이러한 기사가 납니다. 그러니까 이 지역 주민들은 이른바 황산구리가 틀림없이 구리 광독일 거라는 확신을 품자마자 이러한 큰 피해를 입은 겁니다.

아즈마마을에서는 12월 들어 임시 촌의회를 열어 도치기현 지사

앞으로 결의문을 부쳤습니다. 결의문에다 피해 사실을 낱낱이 밝히고는 "와타라세 연안의 각 마을은 똑같은 피해를 입어 순식간에 못쓸 들판이 돼 버렸다. 우리 주민들은 이곳을 떠날 수밖에 없게 되었다. 한 개인이 영위하는 기업이 사회 공익을 해치고 있으니 구리 광산 채굴을 정지시켜야 한다."고 요구 사항을 분명히 써 냈지요.

이것은 획기적인 일이었어요. 오늘날 쓰이는 '공해'라는 단어의 말밑이 됐다고 볼 수 있는 "공익을 해치는" 구리 광산의 조업을 정지할 것을 요구한 것이니까요. 하기는 일본갱법이라는 법률에 "공익에 해가 될 경우에는 농상무대신은 이미 내 준 허가를 취소할 수 있다."고 정해져 있던 만큼 아즈마마을 농민들이 이 조문을 알고 있었

일본 최초의 광산법으로 1873년 발포되었습니다. 이를 통해 주요 광산의 민영을 허용했지요.

다는 말이지요. 나중 일이지만 쇼조도 또한 이 일본갱법 조문을 들고 아시오 구리 광산의 광업을 정지시킬 것을 정부에 요구합니다. 하지만 그에 앞서 아즈마마을의 농민들이 "아시오 구리 광산은 채굴을 정지하라."고 요구한 것은 처음이 되는 대단한 일이었습니다.

이 무렵에 쇼조가 어떻게 움직였는지 볼까요? 제1회 제국의회를 앞두고 도쿄에 머물렀습니다. 일본에서 처음으로 열리게 될 국회를 앞두고 머릿속이 꽉 차 있었죠. 선거구 지지자들에게 편지를 부쳐 부디 국회를 방청해 주십사 권하기도 하고요.

메이지 23년, 그러니까 1890년 11월 29일에 일본에서 처음으로 중의원 제1회 통상의회가 개회됐습니다. 와타라세강 대홍수로 구리 광독이 쏟아진 직후였지요. 이날을 위해 쇼조는 가문을 넣은 검은 예복을 지어 놓았습니다. 이걸 입고는 새로 완공된 국회의사당으로 등원했어요. 가슴 쫙 펴고 당당하게요. 그리고 이듬해 3월까지 열린 이 의회에서 쇼조는 국회 운영을 헌법에 정해진 법률대로 행할 것을 엄하게 요구했어요. 고장인 와타라세강 연안의 피해 상황은 듣고 있었지만 아직 의회에서 발언하지는 않았고요.

이듬해에 의회가 폐회되자 쇼조는 개진당 국회의원으로서 각지에서 연설하는 바쁜 나날을 보냅니다. 9월에는 도쿄전문학교 학생 사토리 히코지로를 데리고 선거구 밖의 군마현 오우라군 등지로 나가 광독 피해 지역을 자세하게 조사하지요. 와타라세강 하류의 오른편 강기슭에 자리 잡은 오우라군은 넓디넓은 곡창지대거든요. 광독 피해는 하류 일대에도 심각했으니까요.

쇼조는 생각했어요. 자신은 국회의원으로서 모든 인민의 인권과 생활을 지키고, 나라를 위하여 일하고자 하지만, 정치를 하는 사람으로서가 아니라 '시모쓰케 백성'의 한 사람으로서 구리 광독으로 고생하는 농민과 함께 와타라세강 기슭의 땅 위에 어엿하게 서야 한다고요. 다나카 쇼조는 바로 이런 사람이었습니다.

헌법이 정해져 인민의 권리가 모처럼 지켜지게 되었는데 그 인민이 광독으로 살 권리를 빼앗기게 된 겁니다. 살 권리를 뺏겼는데 어찌 납세 의무나 병역 의무를 다할 수 있겠어요? 없잖아요?

근대국가로 발을 내디딘 일본은 산업을 발전시키는 데 힘을 들입니다. 그러니까 구리 광산은 앞장설 위치에 있을지도 몰라요. 하지만 구리가 많이 나고, 공업이 발전하고, 나라가 부유해져도 광독으로 자연이 무너지고, 농민들이 허덕이고, 살아가기가 몹시 힘들어졌다면 이걸 어떻게 해야 할까요?

일본이 근대적인 사회로 나아가는 중에 쇼조는 커다란 문제에 부딪쳤어요. 이것은 우리가 사는 오늘날이나 앞으로 올 세상에서도 이어지게 될 큰 문제이지요.

쇼조는 구리 광독으로 피해를 입고 있는 마을들과 도쿄를 몇 차례씩 오가고, 헌법을 여러 차례 되풀이해서 읽고, 다른 법률들도 조사합니다. 스스로 '시모쓰케의 백성'이자 정치가로서 뭘 해야 하는지 깊이 궁리를 거듭하지요.

11월 말, 제2회 제국의회가 열렸습니다. 쇼조는 12월 18일, 〈아시오 구리 광산 광독에 대한 질문서〉를 제출합니다.

대일본제국헌법 제27조에는 일본 신민은 그 소유권을 침해당하지 않는다고 밝히고 있고, 일본갱법에는 시굴이나 채굴 사업이 공익에 해가 될 경우는 농상무대신이 미리 내어 준 허가를 취소할 수 있다고 밝히고 있다. 하지만 도치기현 가미쓰가 군 아시오 구리 광산에서 흘러나오는 구리 독은 군마, 도치기 두 현을 흐르는 와타라세강 연안의 각 군이며 마을 들에 해마다 막대한 손해를 가하고, 지난 메이지 21년부터 오늘에 이르기까지 독기는 더더욱 심각해져 논밭은 물론이거니와 제방의 대나무에 이르기까지 해를 입어 장차 어떤 참상을 초래케 할지 예측할 수 없다. 정부는 이 문제를 재빨리 해결 아니하는 바 그 이유는 무엇인가? 여태껏 입은 손해를 구제할 방법은? 또 장차 일어날 손해는 어떻게 막아 내려는가?

이 질문서를 두고 쇼조는 12월 24일과 25일, 중의원 본회의장 연단에 서서 질문 연설에 나서지요. 쇼조는 우선 질문서에 대해 담당 대신이 답변하지 않는 까닭을 물은 뒤 와타라세강의 참상을 자상히 읊고, 마지막에 농상무대신 자리에 앉은 무쓰 무네미쓰를 부릅뜬 눈으로 노려보며 쏘듯이 말했어요.

"일본갱법에는 두말할 것 없고 광업조례에도 언제든 농상무대신은 영업을 정지시킬 수 있다고 쓰고 있는데 그걸 안 하는 이유는 무엇입니까? 후루카와 이치베가 운영하는 구리 광산이 당사자에게 아무리 이익이 있다 한들 조세 의무를 다하고 있는 인민, 더군 다나 해가 없던 땅에 집을 세운 인민들을 그토록 괴롭히고 있는 게 안 보인다니 그게 무슨 까닭입니까? 말하기가 좀 거북합니다만 농상무대신은 아들을 후루카와 이치베에게 줘서 친척이 됐으니, 아니 설마 농상무대신, 국가의 대신이라는 사람이 그런 일로 공무를 사사로이 행하지는 않으리라 믿습니다만, 하지만 이 같은 말을 인민들이 할 때는 뭐라고 변명할 생각입니까?"

쇼조는 여기까지 말하고는 절을 한 뒤 연단을 내려옵니다.

농상무대신 무쓰의 답변

이에 대해 무쓰 무네미쓰는 답변서에 이렇게 썼어요.

1. 논밭 피해는 사실이지만 그 원인은 아직까지 확실한 시험 성적에 따른 정론定論이 없다.

2. 이에 대해 한창 조사 중이다.

3. 광업인(후루카와 이치베)은 광업상 할 수 있는 예방을 실시하고 아울러 독일과 미국 양국부터 세 종류의 분광채집기를 구입하여 광물이 흘러 나가는 것을 방지하는 준비를 한층 하고 있다.

역시 유럽에서 배웠다는 무쓰네요. 머리가 잘 돌아갑니다. 독일이

나 미국의 최신 예방 기기를 사들여서 방지하니까 괜찮다고 답한 거예요. 하지만, 뒷날 밝혀지겠지만 이 분광채집기라 부르는 수입기기는요, 실은 가짜였거든요.

한편, 아시카가군이나 야나다군의 농민 유지들은 아시오 구리 광산을 둘러보고, 피해 원인으로 추정되는 황산구리독 분석을 농업대학(현재 도쿄대학교 농업대학)의 고자이 요시나오 조교수에게 의뢰합니다. 그래서 분석 결과까지 받아 놓았어요. 결과 보고는 이러했지요.

> 아시오 구리 광산에서 흘러나오는 물에는 동, 철, 유산 따위가 대량으로 들어 있어 그게 강바닥에 쌓였다가 홍수가 나면 떠올라 동식물 피해를 한층 키운다.

이게 구리 광독이었어요. 도치기현의회에서도 그 황산구리독을 제거해 달라는 건의를 도치기현 지사에게 냈거든요. 하지만 농상무대신 무쓰 무네미쓰는 "과학적 시험 결과의 정론이 없다."고 받아들이지 않았고, "최신식 수입 기기가 방지한다."고 답했어요. 피해 원인에는 아직 과학적인 근거가 없다며 슬슬 피하고, 과학적인 기계를 들이밀며 안심시키려는 논법이죠. 이치베와 친척으로 얽힌 무네미쓰의 답변은 전후 미나마타 사건을 비롯해 공해 문제를 일으킨 기업가들이 늘 써 온 수법이잖아요? 정치인과 기업가가 깊이 얽힌 정치 부패의 얼개가 보이네요.

　소조는 무네미쓰가 내놓은 답변을 결코 납득하지 않았지만 이날 중의원이 해산됐으니 일단은 물러설 수밖에 없었습니다. 대신, 사토리 히코지로가 군마현 오우라군 에비세마을을 비롯한 네 마을들에 남아서 광독 피해 사실을 계속 조사해 왔는데, 그이더러 구리 광독 피해 해결을 위한 청원서를 무쓰 무네미쓰 농상무대신 앞으로 부치도록 했거든요. 〈구리 광업 정지 청원서〉는 이렇게 농민으로부터 현의회를 거치지 않고 담당 대신 앞으로 직접 제출된 것이지요.

　자신의 선거구를 뛰어넘어 피해 농민을 모두 아우르는 소조의 대정부 투쟁은 이렇게 시작됩니다.

4

헌법을 지키는 투쟁

1892년 2월, 쇼조는 제2회 임시 총선거에서 다시 기무라 한베에와 다툰 끝에 당선됩니다. 그런데 이 선거에서 쇼조는 폭도들에게 폭행을 당하게 되지요. 폭도들은 이에 그치지 않고, 쇼조를 지지하는 이들도 습격하고, 그들의 집을 불태우는 따위로 난폭하게 굴었어요. 이런 사건들을 보면 아시오 구리 광산을 비난하는 쇼조를 미워하는 사람들도 있었던 것 같아요.

당선되긴 했지만 쇼조는 돈을 몽땅 써 버려 거덜이 납니다. 이웃마을과 합병해 하타가와마을이 된 토지 일부를 저당 설정해 돈을 꾸어 쓰거나 팔아서 비용을 마련해 가지고 활동하지요. 구리 광독 피해 지역을 조사하거나 도쿄로 출장을 가고, 도쿄 간다에서 구리 광독 연설회를 열기도 하며 무척 바쁜 나날을 보냈어요.

한편 무쓰 무네미쓰는 이해 3월에 농상무대신을 그만두지요. 아마 광독 문제로 후루카와 이치베와의 관계를 추궁당하는 걸 기피하고자 스스로 물러섰을 거예요.

또 이달 도치기현에서는 현지사와 현의회 의원들이 광독 중재위원회를 만들게 됩니다. 이로 인해 후루카와 이치베와 농민들 사이에서 재판을 피하면서 문제를 풀어 가려는 교섭 방향이 정해졌어요.

5월, 제3회 제국의회가 열리죠. 쇼조는 〈아시오 구리 광산 광독 가해에 대한 질문서〉를 제출합니다.

아시오 구리 광산은 이 몇 년 동안에 공업을 크게 벌였고 이 광산에서 흘러나온 광독은 와타라세강 연안의 일곱 개 군 스물여덟 개 마을에 걸쳐 거액의 손해를 입혔나이다. 독기는 해가 갈수록 더더욱 심해져 오늘에 이르러서는 이 때문에 논밭이 못 쓰게 된 땅은 1,600여 정보에 달하며…… 와타라세강의 고기류는 수가 훨씬 줄어 거의 없어지고, 메이지 14년(1881년)에 2,773명이나 되던 어부들은 21년(1888년)에는 788명으로 줄었고, 지금은 거의 조업하는 어부들이 없는 상황이올시다. 광독 피해는 이에

우수리 없이 떨어지는 3천 평을 1정보라고 한대요. 평방미터로는 9,917.4㎡가 1정보니까, 1,600여 정보라면 엄청나게 넓은 땅이지요.

그치지 않고 먹는 물에도 번져 연안 인민의 위생을 해롭히는
등 참상은 도저히 볼 수 없나이다. ……

이때도 쇼조는 일본갱법의 조문을 지적하며 아시오 구리 광산의
광업 정지 처분을 정부가 질질 끌고 있는 까닭을 추궁한 뒤, 손해에
대한 조치는 어떻게 할 것인지 묻고, 이튿날 질문 연설에서는 지난
번 의회에서 무쓰 무네미쓰가 한 답변의 모순을 논파했어요.

"무쓰 농상무대신은 무엇이 해로운지 알 수 없다, 조사 중이다, 라
고 말해 놓고 한편으로는 구리 독을 방지하는 기계를 샀으니 이것
을 돌려서 독이 흘러나오지 않도록 할 거라고 했습니다. 이상야릇
한 답변이 아닙니까? 한편으로는 구리 독이 있는지 어떤지 모르지
만 다른 한편으로는 독을 방지할 준비를 할 테니까 시끄럽게 굴지
말라는 뜻입니다. 이 답변은 자가당착이 아니고 뭡니까."

그래 놓고 쇼조는 무네미쓰에 이어 다음 농상무대신이 된 고노 도
가마를 보며 말했지요.

"후루카와 이치베가 운영하는 구리 광산은 국가에 유익한 것이라
고 하지만 세금을 부담하고 있는 와타라세강 연안의 인민들이 구
리 광독으로 그 땅에서 살 수가 없습니다. 조상 대대로 내려온 땅
을 가꿀 수가 없습니다. 조상 대대로 내려온 논밭이 구리 광독의
해를 입어 열매를 못 맺는 땅이 됐다는 사실과 그 유익을 견줄 수

없습니다. 헌법이 있고 또 법률이 있는 것이니 헌법과 법률을 집행하여 인민들을 지켜야 합니다."

새롭게 취임한 대신은 이를 두고 "구리 광독으로 인한 피해는 아시오 구리 광산의 광업을 정지시킬 정도가 아닙니다. 광독을 방지하는 공사를 하고 있으니까 장차 식물들 성장을 해롭히는 광물이 대량으로 흘러나오는 일은 없어질 줄 압니다." 하고 답했습니다.

고노 대신도 쇼조가 요구하는 가장 중요한 사항에 대해서는 한마디도 언급하지 않았어요.

헌법을 지키는 사람, 쇼조

쇼조는 인민의 권리를 인정한 헌법을 지키고 구리 광독 피해로 허덕이는 인민들 삶의 권리, 땅을 소유할 권리, 논밭을 가꿀 권리를 인민을 대표하는 정부가 지키라고 되풀이해서 말합니다. 비록 아시오 구리 광산이 국가에 유익하다 한들 광독이 이렇게 심하게 흘러나와 사회 공익이 침해되고, 농민과 어민이 곤궁해지고 있으니 헌법과 법률에 따라 아시오 구리 광산 광업을 정지시키라고 주장해요. 모처럼 만들어진 헌법을 지키지 못하고 어떻게 입헌 근대국가라고 이를 수 있냐고 따져 물었어요.

자유민권운동이 벌어지면서 민간에서도 일본 헌법 초안이 여럿 만들어졌습니다. 하지만 메이지 헌법은 이러한 초안들이 아니라 주

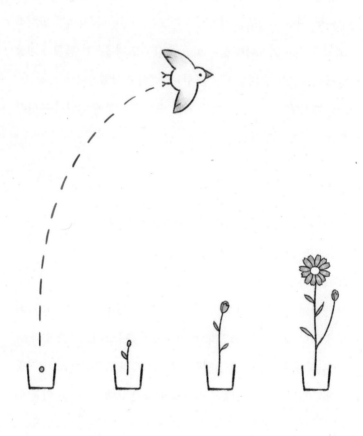

로 독일의 프로이센 헌법을 참고해 만들었어요. 이토 히로부미와 같은 정부 고관들이 영국이나 독일 등지에서 유학한 사람들이었거든요. 이들에 비하면 유학해 본 적이 없는 쇼조는 서양 헌법학에 관한 지식은 적지요. 하지만 헌법에 대해서는 이렇게 생각했습니다.

"10여 년 전부터 완전한 입헌정체를 구축해야 한다고, 헌법을 만들어야 한다고 의견을 냈고, 동지를 모으고, 신문사나 단체도 꾸려 이런저런 활동을 해 왔으니 헌법에 따른 움직임이란 것은 10년 전부터 연습해 온 셈이다. …… 이에 비해 정부는 어떠한가? 정부는 제국의회가 열릴 때까지 전제 국가 안에서 자란 관리가 아닌가. 제국의회가 열리자 처음으로 헌법적인 움직임을 연습하고 익히기 시작했다는 것입니다."

또 이렇게도 말했어요. "헌법은 배우지 못해 읽을 수 없어도 행동이 거기에 이르고 있다."고요.

그러니까 헌법은 '지식'의 문제가 아니라 '헌법적 동작(행위)의 연습(실천)'과 '정신'의 문제라는 거죠. 학식이 많거나 적은 것보다는 입헌정치의 경험과 헌법을 실행할 열의와 행동이 가장 중요하다고 이른 거예요.

쇼조는 그 누구보다 헌법을 옹호하는 이였어요. 그리고 국민들이 선출한 국회의원들로 이루어지는 국회야말로 헌법의 지킴이이자 실행하는 기관이 돼야 한다고 여겼습니다. 이런 국회에 쇼조는 누구보다 큰 신뢰와 기대를 품고 있었지요.

농민들이 화해 교섭에 응하다

한편 구리 광독 피해 지역 농민들은 나라나 현에 청원하면서 현지사나 현의회 의원, 군수 들에게 알선을 받아 후루카와 이치베와 화해 교섭을 시작해요. 손해 배상을 약속받기 위해서지요.

앞서도 일렀지만 이 시기 농촌은 지주, 자작농, 소작인으로 갈라져 있었어요. 그렇다는 건 후루카와 이치베가 내게 될 광독 피해 배상금을 직접 받을 수 있는 대상은 토지를 소유한 지주와 자작농이라는 얘기가 되거든요. 그러니까 이치베가 운영하는 후루카와광업은 지주층과 교섭하면 되고요. 사실 이 즈음 광독 반대 투쟁은 지주층이 이끌고 있었지요.

선거권이 있는 지주층과 자작농 농민들은 쇼조파와 기무라 한베에파로 갈라져 있었어요. 쇼조는 아시오 구리 광산이 광업을 그만두는 게 근본적인 해결 방책이라고 믿지만, 피해 농민들의 곤궁한 상황을 생각하면 배상금을 받을 수 있는 화해 교섭을 곧바로 반대하지는 못했어요. 농민들도 쇼조가 국회에서 벌이는 대정부질문이 당장은 효력을 발휘할 수 없으니 화해 교섭에 응할 수밖에 없는 거예요. 특히 한베에파 농민들은 이 교섭에 열성이었어요.

피해 농민들은 더할 나위 없이 다급하고, 또 반대 운동은 두 파로 갈라져 있는 이런 현실을 후루카와 이치베가 모를 리 없죠. 이치베는 현지사나 현의원이며 군수를 끌어들여 이 교섭을 밀었어요. 정부도 응원했고요.

지방행정 규범에 따라 중재인을 정하고, 교섭을 추진하는 작업은 1892년 3월쯤부터 시작되었죠.

후루카와 측 주장은 이렇습니다.

하나, 후루카와 이치베는 광석 가루가 흘러 나가는 것을 막기 위하여 메이지 26년(1893년) 6월 10일을 기해 정교한 분광채집기를 공장에 설치한다.

하나, 후루카와 이치베는 중재인이 정하는 대로 도덕상 의무를 다하여 화해금을 지불한다.

하나, 전 항에서 지적한 화해금을 받은 자는 분광채집기 실효 시험 기간으로 정한 메이지 29년(1896년) 6월 30일까지는 그 어떤 불만도 표출할 수 없을뿐더러, 행정이나 사법의 처분을 바라는 행위는 일체 하지 않는다.

요컨대 이치베는 '구리 광독'은 아예 인정하지 않고, '도덕상 화해금'은 지불하지만 '분광'을 막는 분광채집기를 설치하니 그 시험 기간인 약 3년 동안 불만은 물론 소송도 하면 안 된다고 하는 겁니다.

그리고 그 화해금이라는 것도 비롯값도 안 될 만큼 적은 금액이었고요.

하지만 농민 측은 분광채집기 효과를 기대한 측면도 있고, 행정이 가하는 압력도 있고 해서, 조건부로 기한이 정해진 화해계약에 도치기 측도 군마 측도 1년도 안 돼 응해 버리게 됩니다. 화해금은 절반을 이후 활동비로 남기고 남은 돈을 농민들끼리 나눴어요.

구리 증산을 부추긴 청일전쟁

이렇게 하여 화해계약이 이루어지고 구리 광독 문제가 일단락되는데요. 그 무렵에 마치 때를 맞춘 듯 청나라와 일본 관계가 험악해졌죠. 국민들 관심은 청일 문제에 쏠려 와타라세 강기슭 농민들 입에서도 광독이란 말이 오가는 일이 줄었어요. 아시오 구리 광산의 광업 정지를 주장하던 사람들도 구리 증산이 일본의 부국강병책에 공헌한다 해서 입을 다물게 되죠. 광독 반대에 힘쓰던 학생운동가 사토리 히코지로조차 본가에 돌아가 장가를 들고 가업에 열중했으니까요.

그러다 1894년 8월, 청일전쟁이 터졌어요. 청일전쟁은 이웃 나라인 조선을 돕는다는 명목으로 일본이 청나라에 출병한 전쟁이지만, 당시 외무대신이던 무쓰 무네미쓰가 국무회의에서 한 말은 전쟁이 터지게 된 사정을 잘 드러내고 있지요.

"혹시 청나라가 그 어떤 명분으로건 조선에 군대를 파견하는 사실이 있다면 우리 나라 또한 상당한 군대를 조선에 파견해야 한다. 뜻밖에 초래될 사변을 고려해 일본과 청나라 양국은 조선에 대해서 오던 권력의 균형을 계속 유지하도록 해야 한다."

하지만 그와 같은 빌미는 잡을 수가 없었어요. 그래서 일본은 조선에 풀기 어려운 문제를 갖다 대고 청나라가 조선에 군대를 내지 아니할 수 없도록, 전쟁을 일으킬 수 밖에 없도록 만들어서 조선을 독립시킨다는 명목으로 청나라와 싸우게끔 꾸몄거든요. 하지만 일본 국민들 눈에는 약소국인 조선을 괴롭히는 청나라를 응징하는 정의로운 전쟁으로 보였어요. 지식인들조차 그렇게 생각했죠. 한다하는 쇼조도 진실을 꿰뚫어 보지는 못한 것 같아요.

쇼조는 국회 예산 위원회에서 청일전쟁 임시 군사비에 찬성하는 연설을 해요. 이렇게 덧붙긴 하지만요.

"대체로 찬성하지만 정직하게 해 주기 바랍니다. 군인들은 해외에서 싸우다가 주검이 돼서 들판에 버려지는데, 살아남은 사람이 부정한 일을 일삼는다면 군인들 죽음은 물거품이 됩니다."

쇼조는 가난한 농촌에서 전쟁터로 나가는 병사들을 마음 깊이 생각했던 겁니다. 와타라세강 가의 농촌 마을에서도 군채(군사비로 쓸 채권) 모집이나 군마 징발 명령이 떨어져 많은 농민들이 출정했어요. 일본군은 진격을 거듭해 청국을 압도했거든요. 난공불락이라던 뤼순 요새도 11월 21일, 불과 하루만에 함락시켰어요. 일본은 이 승리에 들끓었죠.

전쟁이 격화되면서 아시오 구리 광산의 생산은 늘어납니다. 그러자 광독으로 인한 피해가 엄청나게 커졌지요. 분광채집기를 설치했는데도요. 농민들은 때가 전시이니만큼 이를 큰소리로 말하지 못했어요. 하지만 피해가 가장 심각했던 하류 오른쪽 기슭의 에비세마을에서는 후루카와 회사 측과 다시 교섭할 것을 결정합니다. 그런데 다른 15개 마을은 지난 번에 맺은 화해 기간이 아직 끝나지 않았는데도, 앞으로 일체 불만을 표시하지 않겠다는 영구 화해계약을 새롭게 맺어 버려요. 쇼조는 그 과정을 감시하고 늘 경고의 말을 해 왔지만 농민들 생각을 돌릴 수는 없었어요. 기무라 한베에 파 유력자들을 돈으로 매수해 교섭을 진행한 이치베가 뜻한 대로 된 겁니다. 일본이라는 나라가 청일전쟁에 이겨 그 승리에 취해 있을 때 영구 화해를 한 거죠.

1895년 4월, 8개월여에 걸친 청일전쟁은 강화조약이 체결되며 끝이 납니다. 이때 시모노세키에서 청나라 대표와 조약에 서명한 것은 외무대신 무쓰 무네미쓰였어요.

풍요롭던 벌판이 죽음의 땅으로

청일전쟁이 끝난 이듬해인 1896년 3월, 쇼조는 의회에서 세 번째로 구리 광독 문제를 올려 영구 화해가 얼마나 부당한가를 따져 물었습니다. 넉 달 뒤인 7월과 8월 와타라세강은 광독 대홍수를 두 차례나 입게 되지요. 아니, 다음 달인 9월에도 크게 홍수가 나 마을들을 휩쓸었어요.

청일전쟁으로 증산에 증산을 거듭한 아시오 구리 광산 둘레는 더욱 민둥산이 됐고 무서울 정도로 많은 광독이 흙에 섞이며 탁류의 대홍수가 되어, 중류와 하류의 간토평야를 삼킨 겁니다. 잇달아 세 차례나요. 이곳저곳에서 둑이 무너지면서 와타라세강 가는 광독 물바다로 변하고 말았죠.

쇼조는 재해 지역에서 수해 방지 작업을 하다가 흙투성이가 되거나, 피해 마을들을 찾아 위로하는 한편 피해 상황을 조사하고, 또 새로운 광독 반대 운동 조직을 꾸리기 위해 동분서주합니다. 그러다가 9월 24일, 와타라세 마을에 있는 운류지에서 광독 연설을 하게 되지요.

청일전쟁 동안 광독의 참상을 견디며 후루카와 이치베가 내놓은 영구 화해계약에 응한 농민들이 이제 속았다는 걸 알게 되면서 분노가 폭발한 겁니다. 지주와 자작농뿐 아니라 광독으로 가장 고생하던 빈농들도 모두 일떠서요.

광독을 막아 줄 것이라 기대한 외국산 기계, 분광채집기는 이름 그대로 광석을 가루같이 만들어 채집하는 기계였어요. 광독을 제거하는 것이 아니라 오히려 증산에 박차를 가하는 기계요.

"이치베 이놈, 거짓말쟁이가 아닌가!"

농민들은 노발대발했죠. 이치베는 아시오 갱부들의 흠모를 받는 처지이기도 했고, 화해 교섭에도 가끔 나와 사람대접 잘하는 장사꾼처럼 굴었던지라, 농민들 가운데는 설마 이치베가 거짓을 꾸미는 악한 일 거라고는 느끼지 못한 이도 있었던 것 같아요. 하지만 이번만큼은 달랐죠. 상대가 그런 줄 몰라서 화해에 응한 것은 큰 실수였다는 걸 알아챘으니까요. '다나카 씨'가 얘기한 대로 광업을 정지시키지 않는 한 광독은 없어지지 않는다는 사실을 모두가 깨달았어요.

10년 전부터 계속돼 온 광독 피해가 세 차례 대홍수로 절정에 달했어요. 이번에는 농작물이나 물고기만의 피해로 그치지 않았어요. 우물에도 광독이 스며들어 아픈 사람이 자꾸만 생겨났고, 아기 엄마들은 젖이 말라 갓난아기가 죽어 갔어요. 논밭은 덮쳐든 물이 빠져나간 뒤에도 광독을 머금은 진흙이 두껍게 쌓여 갈고 싶어도 갈지 못하게 되었지요. 앞으로 몇 년, 몇십 년을 농사지을 수 없는 땅이 되어 버렸어요.

풍요롭던 벌판이 말 그대로 죽음의 땅으로 변한 겁니다.

운류지 광독 사무소와 정신적 계약

이렇게 해서 10월 5일, 앞서 말한 군마현 오우라군 와타라세마을

시모사가와다에 있는 운류지에 도치기와 군마 두 현의 구리 광독 사무소가 설치됐어요. 여러분이 지금 서 있는 와타라세강 중류 왼쪽 강가에 있는 절이 운류지예요.

이곳은 강 왼쪽이 군마현 구역이고 도치기현과는 마침 경계 지역이 됩니다. 두 현의 광독 피해가 제일 심한 지대의 중간쯤이 되겠죠. 두 현 마을들의 연락 장소로 삼기에 맞춤한 위치여서 구리 광독 반대 투쟁의 중심지가 되었습니다.

11월 29일, 쇼조는 여기 운류지에서 열린 피해 주민 대회에서 연설하고 농민들은 〈정신적 계약〉에 서명하지요. 계약서는 이런 겁니다.

오늘 출석한 우리들은 정신으로 서로 맹세하고, 청원을 제출할 읍과 마을을 감독하고 부정이나 불의한 행위가 없도록 서로 책임을 엄하게 지며, 두 현 농민들의 목적인 아시오 구리 광산 광업을 정지시키는 것은 물론 그 청원을 관철하기 위하여 일할 것. 이 정신을 지닌 마을 사람은 누구든 가입을 허락함.

여태껏 화해 교섭에는 여러모로 부정이 따랐어요. 이를테면, 후루카와 측이 지역 관리나 유지들에게 뇌물을 건네기도 하고, 농민들을 돈으로 매수하기도 했거든요. 사람은 약하기 마련이에요. 광독 피해에 허덕이는 삶을 살다 보면 부정한 돈이란 걸 알면서도 써 버리지요. 그런 일들이 절대 일어나지 않도록 힘쓰고, 관리들을 잘 감시해서, 이번에야말로 화해 교섭이 아니라 광독을 없앨 수 있도록 아시오 구리 광산의 광업 정지를, 마음을 하나로 모아 청원하자고 맹세한 겁니다.

쇼조는 이때 공책에다 이렇게 썼어요.

광독은 눈앞의 문제이다. 첫째로 화학, 둘째로 위생, 셋째로 경제, 넷째로 법률상 권리, 다섯째로 명예. 지금까지 역사에서 본 적이 없는 연구를 해야 하니 어렵다.

후루카와 이치베가 광독 사건을 숨기고자 관리나 마을 들에 마구잡이로 뇌물을 뿌리고 있는 것은 광독과 어울러서 무서운 해독이 돼 사람들의 마음마저 썩게 한다.

또 이렇게도 썼어요.

피해 지역 농민들이 반대 의견을 소리 높여 못 내는 것은 겨울 찬 바람이 불어 벌레 소리가 잦아드는 것이나 마찬가지다. 소리가 없는 게 아니다, 소리를 지르지 못해서 그렇다.

이 농민들이 쇼조와 함께 일어선 겁니다. 마을마다 농민들은 〈아시오 구리 광산 광업 정지 청원서〉를 농상무대신에게 제출했어요. 그리고 도치기와 군마 두 현의 대표가 도쿄에 올라가 농상무성, 내무성, 도쿄광산감독서 같은 곳에 진정을 냈습니다. 이 와중에 12월 25일, 제10회 제국의회가 열리지요. 당시 농상무대신은 에노모토 다케아키였어요.

에노모토 다케아키와 지식인들

에노모토 다케아키는 홋카이도 하코다테 고료카쿠에서 성을 지키며 새로운 정부군과 마지막 전쟁을 벌인 막부 신하였습니다. 이후 4년 동안 옥고를 치른 뒤에, 홋카이도 개척사의 고위 관리로 등용돼 메이지 정부에서 일하다가 주 러시아 특명전권공사로 가서 국제 무대에서 활약한 인물이에요. 그이가 2년 전부터 농상무대신 자리에 앉았어요.

메이지 정부가 들어선지 30년째가 되는 1897년 2월 26일, 쇼조는 제10회 제국의회에서 정치인으로 함께 살아온 고이즈카 류 같은 이들과 〈공익에 유해한 광업을 정지해야 하는 문제에 대한 질문서〉를 제출하고, 에노모토와 모든 의원들 앞에서 연설을 합니다.

"벌써 6년 전부터 이 의회에서 여러 차례 질문하고 충고해 왔는데 광독 피해는 그동안 열 배나 심화돼 그 피해는 도치기, 군마, 사이타마, 이바라키 네 현에 이르렀습니다. 하지만 정부는 인민에게 거짓을 말하고, 지방관들은 인민을 속이고 있습니다. 따라서 인민은 정부를 못 믿고 정부를 원망하니 이래서는 국가의 가치가 없어집니다. 일본인들에게 일본 법률을 따르라고 타이르지 못하게 됩니다. 국가가 인민을 법률로 보호하지 않는다면 인민은 법률을 믿고 따를 의무가 없어지고, 이 의무가 없어지면 어떤 일을 저지를지 모릅니다."

이렇게 말하고 나서 쇼조는, 아시오 구리 광산의 광업인 후루카와 이치베는 구리 광독을 배출하고 사회를 혼란시켜 정치까지도 어렵게 만들고 있다고 날카롭게 추궁합니다. 광독 피해는 참담한데 피해 농민은 오랫동안 소리를 내지 못했다고, 광독 물이 스며든 짚은 불 태워도 반차番茶 같은 것이 남아 완전히 재가 되지 않는다고 실물까지 보이며 참상을 호소했어요.

그리고,

> 맛나게 달일 부드러운 잎을 뜯은 뒤에 남은 여문 잎으로 만드는 잎차

"정부가 아시오 구리 광산의 광독을 정지시키지 않는다는 것은 정부가 간토평야라는 옥토를 사막으로 만들어 인민을 해롭게 하고, 독살하는 것이나 마찬가집니다. 인민을 보호해야 할 정부가 독살하고 있는 겁니다. 인민을 보호해야 할 정부가 무고한 양민에게 법률을 지키지 못하도록 만들고 있는 겁니다."

하고 정부의 태도를 날카롭게 비판했지요.

쇼조는 이렇게 의회에서 호소하면서, 간다기독교청년회관 같은 곳에서 광독 연설회를 잇달아 열었습니다. 의회에서 싸우는 한편, 여론에도 널리 호소하고자 한 거예요. 연설회장에는 2천 명이 넘는 청중들이 모였어요. 쇼조 외에도 농학자 쓰다 센을 비롯해 다카하시 히데오미, 다니 간조, 미야케 세쓰레이와 같은 정치인, 군인, 지식인, 기독교인 들이 연단에 섰지요.

한편 3월 2일부터 5일에 걸쳐 피해 농민들이 대규모로 나선 제1차 상경 청원이 벌어집니다. 첫 번째 '오시다시' 곧, 밀어내기입니다. 이 밀어내기는 도중에 관헌의 저지와 탄압을 받아, 이걸 뚫고 도쿄까지 올라간 농민은 3분의 1밖에 안 됐어요. 하지만 귀족원 의장, 중의원 의장, 농상무성 들에 청원 운동을 펴 나갔고, 총대 한 사람뿐이었지만 에노모토 농상무대신을 만날 수 있었답니다. 광독 피해에 대한 호소를 들은 에노모토 대신의 답변은 모호했지만 농민 총대는 "한 가닥 희망을 안고 지친 다리를 끌면서 80킬로미터 길을 걸어서 돌아갔다."고 했어요.

이로부터 3주가 지난 뒤 농민들은 두 번째 밀어내기에 나섭니다.

이런 가운데 3월 23일, 에노모토 농상무대신은 장관으로서는 처음으로 광독 피해 지역을 시찰하게 되지요.

농민들 눈에는 에노모토 농상무대신의 시찰이 흡족하지는 않았지만, 장관은 피해 지역의 참상에 마음이 아팠나 봐요. 도쿄로 돌아간 다음 날 장관의 보고를 받고 마쓰카타 마사요시 내각은 광독조사위원회 설치를 결정했어요. 그러고는 법제국 장관이던 고무치 도모쓰네가 위원장으로 취임하지요.

그런데 3월 29일, 에노모토가 돌연 농상무대신을 사임합니다. 외무대신인 오쿠마 시게노부가 농상무대신을 겸임하게 됐어요. 피해 지역을 그 눈으로 보고 농민들을 딱하게 여긴 에노모토가 갑자기 장관을 그만둔 겁니다.

정치 권력의 중심에서는 늘 불가사의한 일들이 일어나죠. 도쿠카와 쇼군의 직속 가신이자 무장이었던 에노모토는 왜 느닷없이 농상무대신 자리에서 물러났을까요? 광독을 없애기 위해서는 광업을 정지할 수밖에 없다고 생각했지만 장관인 자신은 그 일을 할 수 없다는 걸 알아차리고 물러선 걸까요? 아니면 그 어떤 압력이 가해졌을까요?

진상은 제가 아는 한 아직은 분명히 드러나지 않았는데요. 이후 연구에 기대를 걸어 봅니다. 여러분들도 나서 주었으면 해요.

광독조사위원회는 회의를 열어 심의를 시작했어요. 고무치 위원장의 원안은 다음과 같았습니다.

일시, 아시오 구리 광산의 전부 아니면 그 어떤 부분을 정지하고, 광독의 방비를 완전하고 영구히 보지할 방법을 연구할 것.

잠시이긴 하지만 구리 광산의 전부 아니면 일부 광업을 정지할 것을 제안했습니다. 하지만 이걸 반대한 게, 쇼조와 함께 광업 정지에 관한 질문서를 국회에 제출한 고이즈카 류였어요. 이이는 마쓰카타 내각에서 광산국장 자리에 앉아 있었거든요. 그리고 후루카와광업의 기술고문 격으로 일한 공학박사 와타나베 와타루 역시 반대 의견을 냈습니다. 우선에 광독 예방 설비를 아시오 구리 광산에 또 다시 명령하고 명한 기간 안에 설비가 완성되지 않을 때 광업을 정지시키는 게 어떠냐고 수정안을 제안한 거예요. 이 안은 뒷날에 도쿄시장이 되는 고토 신페이와 같은 위원들도 찬성하면서, 결국 쇼조와 피해 농민들이 요구하는 아시오 구리 광산 광업 정지는 이루어지지 못했습니다.

광독 예방공사 이전과 이후

5월 27일, 정부는 도쿄광산감독서 서장인 미나미 데이조를 시켜 후루카와 이치베에게 광독 예방공사를 하도록 명령케 했어요. 미나미 서장은 뒷날에 후루카와광업에 들어가 아시오 구리 광산 소장으로 일하게 되는 자인데, 이 광독 예방공사 명령을 내리면서는 갱내 배수를 가라앉힐 못과 저수지, 버릴 돌을 쌓아 놓을 퇴적장, 연기의 독을 없애기 위한 탈황탑, 아주 큰 굴뚝 따위를 의무로 건설하되 이 공사를 모두 30일에서 120일 사이에 완성하도록 명한 것뿐이었습니다.

후루카와 이치베는 많은 인부를 써서 공사를 시작했죠. 이치베는 제일은행에서 공사 자금을 꾸어 씁니다. 여기는 한때 아시오 구리 광산을 이치베와 공동으로 경영한 적이 있는 시부사와 에이이치가 운영하는 은행이고요. 여담이지만 이 일에 한몫 한 사람이 무쓰 무네미쓰의 둘째 아들로 이치베 집에 양자로 들어간 준키치죠.

이해 9월, 와타라세강은 또 다시 광독 홍수가 나서 어려움을 겪습니다. 쇼조와 피해 농민들은 광독 예방공사를 지켜 볼 수밖에 없었는데요.

이때 쇼조는 무슨 생각을 했을까요? 광업 정지를 결정하지 못하는 정부에 솟구치는 분노를 느끼면서도 피해 농민들이 도쿄로 올라간 데(1·2차 밀어내기)에는 의문을 품고 있었던 것 같아요. 운류지에 편지를 부치며 이렇게 썼거든요.

지역 운동, 소인의 생각으로는 덕의심이 모자라고 왕도로서 천하를 다스리는 이들다운 품위가 없고 지나쳤음.

견디다 못해 청원하러 도쿄로 올라간 농민들 가운데는 도덕심이 모자란다고 느낄 만한 그런 행동을 하는 이도 있었던 거죠. 쇼조는 또 올라간 농민들 가운데 희생자가 나와서도 안된다는 마음이 강했어요. 그리고 일본이 입헌의회 정치체제니까 농민이 직접 대중행동에 나서는 것이 아니라 어디까지나 정부와 의회가 헌법을 지키고 광독 문제를 해결해야 한다는 신념이 강했던 겁니다.

하지만 동시에 피해 지역 청년들에게도 기대를 걸었어요. 예방공사가 실시되고 있던 8월, 운류지를 비롯해 여러 곳에 부친 글에서 청년들이야말로 광독 문제 해결에 힘써야 한다고 호소해요. 그래서 이렇게 썼거든요.

청년이 요구한다면 먼 데건 마다치 않고 가겠습니다. 나라의 앞날에 대해 의논합시다. 청년이 아니면 신교육은 무의미하고, 신교육이 없으면 신사상이 생겨나지 않고, 신사상이 없으면 오늘날 새로운 세계에서 일을 못 합니다. 그렇지만 청년에게 새로운 사상이 있다 해도 실제로 일을 하면서 연구하지 않으면 빛을 발하지 못합니다.

아무리 새로운 교육을 받아 새로운 생각을 하게 되더라도 꾸준히 실천해 자신을 닦지 않으면 빛나지 않는다, 이 말은 어느 시대나 청년에게 주는 귀중한 조언이 되겠네요.

이해 11월 말, 아시오 구리 광산의 광독 예방공사는 완공됩니다. 하지만 피해 농민들은 가난하고 힘겨운 생활에서 벗어나지 못했어요. 삶은 더욱더 곤궁해지기만 했어요.

이듬해인 1898년 6월, 와타라세강은 광독 물이 넘쳤고, 곧이어 9월에는 대홍수가 연안 일대의 마을들을 휩쓸었어요. 예방공사는 전혀 효과를 내지 못했죠. 9월 말부터 10월에 걸쳐 피해 농민들은 세 번째 밀어내기에 나서게 됩니다. 이때 쇼조가 마중 나가 눈물을 머금고 얘기한 것은 앞서 1장에서 말했죠. 쇼조는 그 자리에서 국회의원인 자신이 목숨을 내걸고 의회와 싸우고 있으니 농민 여러분은 마을에 돌아가시기 바란다고 호소했어요.

그런데 쇼조가 그토록 믿었던 의회는 그 이후 어느 하나 해결하지 않았고 광독 피해는 더더욱 심각해지기만 해요. 끝내 4차 밀어내기가 벌어집니다. 하지만 아주 질서정연하게 나아간 청원 농민들을 관헌이 탄압했어요. 여러분이 이 책의 앞부분을 읽으며 머릿속으로 그려 보았을 저 유혈의 가와마타 사건이 일어난 겁니다.

5

망국 연설과 덴노 직소

가와마타 사건 바로 뒤의 쇼조입니다.

4차 밀어내기에 참가한 피해 농민 3천 명이 도네강에 걸린 가와마타 배다리 앞에서 경관과 헌병에게 폭행당하고, 노구치 슌조를 비롯한 여러 농민들이 흉도소취죄로 체포된 가와마타 사건이 일어난 나흘 뒤예요. 그러니까 1900년 2월 17일입니다.

쇼조는 제14회 제국의회에서 의회 역사상 아니, 일본 역사로 보더라도 후세에 길이 남을 질문서 〈'나라가 망해 가고 있는 것을 알지 못하면 이것이 곧 망국'이라는 건에 대한 질문서〉를 제출하며 연설합니다.

연단에 오른 쇼조는 후루카와 이치베가 아시오 구리 광산 경영을 위해 국가가 소유한 숲을 부당하게 싼값으로 사들인 사건을 언급하

116

며 이렇게 말하지요.

"정부가 있다 여겼는데 틀렸습니다. 나라가 있다 여겼는데 틀렸습니다. 이것을 정부가 알지 못한다면, 나라가 망해 가는데 그걸 모르는 자신이 어리석었음을 깨닫지 못한다면, 망국의 길로 나아가는 것입니다. 정부가 구리 광독이 흘러나오는 일에 눈감고 인민을 죽이고 있는 것은, 나라를 죽이고 있는 것이나 마찬가집니다. 정부가 법(헌법이나 법률)을 소홀히 한다는 것은 정부가 나라를 소홀히 하는 것이나 다름없습니다. 인민을 죽이고 법을 어지럽히니 이게 곧 나라가 망했다는 말이 아니면 뭐라고 이르겠습니까?"

쇼조가 가슴속에서 피를 토하듯 호소한 것은 정부나 인민의 대표인 국회가 아시오 구리 광산이라는 한 기업을 비호하며, 광독을 없애기 위해 광업 정지를 결정하지 않고, 농민을 도탄에 빠뜨리고 있다는 겁니다. 게다가 가와마타에서 관헌이 피해 농민을 탄압한 것은 정부와 국회가 인민을 죽이는 것이나 마찬가지이고, 헌법으로 당연히 보호받아야 할 인민을 그렇게 죽이고 있음은 나라가 망하고 있는 것이나 마찬가지라는 겁니다. 인민이 있어 국가가 있는 법인데 인민이 죽음을 당하니 그게 망국이나 한가지라는 겁니다.

또 나아가 쇼조는 지방자치가 무너진 것이며, 청일전쟁 때 일어난 군용품 부정 사건이나 병졸 학대와 같은 문제도 아울러 언급하면서 나라가 망해 가고 있다고 지적했어요.

"덴노 폐하를 보좌하는 사람들이 아래층까지 부패하다 보니 나라가 없는 것이나 같습니다. 정부는 이토록 나라가 망해 가는데 아직 망하지 않았다고 생각하는지, 아니면 다나카 쇼조가 말하듯 망해 가고 있다고 생각하는지, 묻는 바입니다."

열띤 연설을 마치고 쇼조는 연단을 내려왔습니다.

정부는 나흘 뒤에야 답변을 내어놓지요.

> 질문 취지는 갈피를 잡을 수 없음. 따라서 답변은 아니함.
>
> — 내각총리대신 공작 아마가타 아리토모

쇼조의 질문은 묵살되고 말았습니다. "답변은 아니함."이라니 얼마나 깔보고 얕잡았던 것일까요. 청일전쟁에서 이긴 일본 정부에게 '망국'이라는 소리만큼 듣기 싫은 말은 없었던 거겠지요.

이러다가 일본은 러일전쟁을 일으켜 대승을 거뒀다고 믿고 이에 군인들이 힘을 얻고, 국민들도 미친 듯이 환호하며 오로지 군국주의 한곬으로 질주해 아시아 나라들을 침략하고, 아시아 태평양전쟁에서 패하고 끝내 '망국'에 이르게 되는데요.

쇼조는 그보다 45년이나 앞서 20세기가 갓 시작된 1900년에 광독사건으로 30만 와타라세강 연안 농민들을 비참한 나락에 떨구고, 헌법으로 인민의 삶을 지키지 못한 일본이라는 나라에서 '망국'의 징조를 꿰뚫어 보고 있었다는 말입니다.

이 무렵 쇼조는 일기에다 이렇게 썼어요.

　　○ 사람을 죽이지 말라, 죽인 자는 처치하라.

　　○ 물을 맑게 하라, 강을 되살리라.

　　○ 헌법 되살리기와 악한 영업 정지.

　　○ 이치베의 개는 무고한 양민을 잡아먹는다.

　　○ 나라가 망해 가는데 그것을 알지 못하니 이것이 곧 망국

이니라.

기노시타 나오에를 만나다

망국 연설을 한 의회가 폐회하고 얼마 지나지 않은 2월 말 오후, 쇼조는 마이니치신문사 응접실 의자에 앉아 있었어요. 탁자에 양 팔꿈치를 대고 백발이 섞인 수염 터부룩한 얼굴을 두 손으로 싸안고요. 그는 너무 고단해 등을 펴지 못했지요.

〈마이니치신문〉이 광독 사건을 며칠 동안 사설에 이어 써 주었고, 아시오 구리 광산 견문기와 광독 예방공사의 허점을 추궁하는 연재 기사를 실어 주었으니 글을 쓴 기자를 만나 감사를 전하려고요.

"오래 기다리셨습니다."

그 목소리에 쇼조가 고개를 들자 청년 기자가 앞에 서 있잖아요.

나이는 서른이 좀 넘었을까요.

"기노시타 나오에입니다."

"다나타 쇼좁니다. 처음 뵙습니다."

이것이 쇼조와 나오에의 첫 만남이었습니다.

나오에에게 머리를 수그린 쇼조의 낯빛은 핏기가 없고 근육이 늘어져 병자같이 부어 보였지요. 지칠 대로 지친 예순 먹은 노인 같았어요. 나오에가 아픈 마음으로 바라보는데, 쇼조는 보자기를 풀어 나오에가 쓴 신문 기사를 오려 낸 것들을 꺼내며 말하지요.

"기자분이 쓴 기사는 어느 거나 다 마음을 든든히 해 줘요. 근데 이건 쇼조조차 얻지 못한 귀중한 자룝니다."

탁상에 펼쳐 논 기사 조각에는 여러 군데에 붓으로 붉은 선이 그어져 있었거든요. 그중 하나를 가리키며 쇼조가 고개를 숙였어요. 그것은 나오에가 후루카와광업 시험표의 숫자를 들어 광독 예방공사 중 연기 해독을 방지하는 탈황탑이 겉모양만 훌륭하지 실제로는 거의 쓸모가 없는 거라고 써 놓은 기사였어요.

"평가해 주시니 민망합니다. 후루카와광업의 사무소 장부에서 일일 시험표의 숫자를 옮겨 썼을 뿐입니다."

"아니, 기노시타 군, 기자분이 이런 숫자를 분명히 밝혀 주시니 큰 돈을 썼다고 자랑하는 광독 예방공사도 쓸모가 없다는 걸 사회나 사람들에게 널리 알릴 수 있습니다."

쇼조는 이어서 피해 농민의 참상과 가와마타 사건 때 저지른 관헌들의 횡포며 정부의 냉혹한 대응에 대해 얘기했어요. 그런데 갑자기 머리를 옆으로 흔들며,

"머리가 아파서 말입니다……."

하고는 눈을 감고 얼굴을 찡그렸지요.

솟아오르는 분노를 삭이지 못하고, 자신의 무력함을 부끄럽게 여겨 말한 것인데, 사실인즉 쇼조는 이해 들어 피로와 심로가 너무 심해 건강을 해치고 말았거든요.

"어디…… 편치 않으십니까?"

"아니요, 그다지 걱정할 건 없어요."

쇼조는 자신을 타이르듯 말했어요. 그러더니 광독 사건에 대해 한참 이야기하다가 느닷없이 끝내고는 휘청이며 방을 나섰어요.

나오에는 지칠 대로 지친 노정치가의 뒷모습을 말없이 바랠 수밖에 없었지요.

아내 가쓰에게 부친 편지

3월 들어 쇼조는 혼고에 있는 준텐도 병원에 입원했어요.

국회의원으로서 자신의 무력함을 뼈저리게 통감했거든요. 피해 주민의 출생 사망 조사표를 넘기고자 장관들에게 면회를 청했는데 열여섯 번째로 겨우 만난 것이 사이고 주도 내무대신뿐이었어요. 마

쓰카타 마사요시 대장대신은 세 차례, 야마가타 아리토모 총리대신은 다섯 차례나 찾아갔지만 끝내 만나 주지 않았고요. 망국 연설에 대한 정부의 답변이 기껏 이런 거란 말이지요. 장관들에게 광독 문제는 아무런 가치가 없다는 것일까요?

쇼조가 몸져누운 동안에도 광독 피해 지역에서는 먹을거리가 떨어지고, 아기 엄마는 젖이 안 돌아 애먼 아이들이 죽어 간단 말입니다. 인민이 있어 국가가 이루어지는 것인데 그 국가가 인민을 죽이고 있단 말입니다. 헌법을 지켜야 할 의회가 헌법으로 보장된 인민의 권리를 짓밟고 있단 말입니다. 이러는 동안에도 가와마타 사건으로 체포된 많은 농민들이 여전히 옥에 갇혀 있고요.

쇼조는 잠들지 못해 밤을 지새웠어요. 생각을 깊이다 보니 어느새 어둠이 가시고 먼동이 터 희멀겋게 날이 밝아 오곤 했지요.

이렇게 몸져누운 쇼조를 두고, 여러 신문이 "다나카 쇼조, 정신병으로 입원" 중이라고 보도합니다. 이걸 안 쇼조는 자신을 말살하려는 악의에 분노하며 기사를 취소할 것을 요구했어요. 하지만 받아들인 신문사는 두세 군데밖에 되지 않았지요.

쇼조는 열흘쯤 뒤에 퇴원해 도쿄에 올라갈 때마다 묵는 시바구치마치의 숙소 시나노야에 들어갔어요. 그러고는 고향에 있는 아내 가쓰에게 편지를 썼지요. 아내 또한 병상에 누웠다가 일어난 뒤였지만 하타가와마을 고나카의 집을 지키면서 피해 농민들을 돌보고 있었습니다.

먹을 갈아 붓을 잡은 쇼조는 머리말에 '감사 편지'라고 쓴 뒤 이렇게 써 내려 갔어요.

그대 귀하, 아버지가 돌아가셨을 때 나는 아무런 준비도 못 하였지요. 오랫동안 나를 대신해 효를 다하고, 노친의 임종과 장례를 비롯한 온갖 일들을 훌륭히 거행해 나를 대신하여 자식이 해야 할 일들을 빠뜨림 없이 해 주셨습니다. 그대가 아니고서는 도저히 다하지 못하였을 일들입니다. 그저 그대의 덕택에 감사드리는 바입니다. 쇼조는 그야말로 아무런 도움이 되지 못했구려. 바깥주인이 없는 집을 지키고, 집안일뿐 아니라 선조를 섬기는 일까지 여러 해 동안 도맡아 주셨으니 새삼 감사의 말씀을 드립니다. 아무쪼록 앞으로도 계속 잘 부탁드리는 바이외다.

메이지 33년 3월 26일

쇼조

가쓰코에게

추신

실례가 많구려. 앓고 난 뒤니 아무쪼록 몸 조심하시라. 광독 부인들 젖이 잘 안 나온다는데 많이 도와주기 바랍니다.

쇼조는 국회의원으로 일하며 광독 사건을 위해 먹고 자는 일도 잊다시피 바쁘게 뛰어다니다 보니, 아내가 기다리는 집으로 돌아가는 날이 거의 없었습니다. 부친이 숨졌을 때도 곁에서 임종을 지키지 못했어요. 아내는 그런 가난한 집안의 온갖 일을 도맡아 보면서 광독 피해 농민들을 돕는 일에도 힘썼지요. 쇼조는 어려움을 홀로 떠맡아 온 나이 먹은 부인에게 우러나오는 감사의 뜻을 전한 거예요.

4월에 접어들자 쇼조는 광독 피해를 입은 마을들을 찾아다닙니다. 거기서 머물며 가와마타 재판을 준비하고 피해 가족들을 격려하는 바쁜 나날을 보내지요.

같은 해 9월, 후루카와 이치베는 구리 광산 경영으로 국가에 공헌했다며 '종5위'라는 귀족 지위를 받게 됩니다.

다음 달 10월, 마에바시 지방재판소에서 가와마타 사건 공판이 시작됐어요.

쇼조는 이 재판에서 검사의 논고에 분개한 나머지 방청석에서 엄청 크게 하품을 해요. 아무런 죄가 없는 광독 피해 농민들이 헌법에 보장된 인민의 권리를 행사해 청원을 하겠다며 도쿄로 올라가려다가 도중에 관헌들 횡포에 막혀 체포된 거죠. 그런 양민을 '흉악한 무리'라 부르며 재판에 부친 일에 쇼조는 항의하고 싶었던 거예요. 하지만 방청석에 있느라 발언을 못하니 하품이나 하며 그 노여움과 어이없음을 드러낸 거죠.

그런데 그 하품 때문에 관리모욕죄로 내몰려 나중에는 그 공판까지 하게 되는 겁니다. 그리고 가와마타 사건은 유죄가 29명, 무죄 22명으로 판결이 나옵니다. 그러다가 검사, 피고 양쪽이 공소(요즘에는 '항소'라고 하지요.)해 재판은 도쿄 공소원으로 넘어가지요. 이듬해 2월 말 전원 보석 출옥이 결정됩니다.

1901년 정월, 쇼조는 예순한 살이 되었습니다. 쇼조는 이때 이번 의회를 다하고 나면 국회의원을 그만두겠노라고 마음먹죠.

생각해 보니 나이 쉰에 국회의원으로 선출된 뒤 광독 사건을 만나 10여 년, 먹는 일도 잠자리도 돌보지 않고 싸워 왔어요. 지금까지 여러 번 되풀이하며 살펴본 대로 쇼조의 싸움은 헌법을 지키고, 광독을 없애고, 피해 주민을 구하고자 하는 거였죠. 쇼조에게 메이지 헌법이야 말로 유일하고 굳게 믿을 수 있는 기반이었으니까요. 입헌정체의 의회정치, 정당정치를 믿고 줄곧 인민의 행복을 추구해 온 겁니다.

하지만 지난 10년을 돌이켜보니 어떤가요? 정부도 의회도 헌법을 지키려 하지 않았거든요. 정당도 물론 당의 이익을 좇고 그 전략을 세우는 일에 시종일관했고요. 쇼조는 인민들이 뽑아 준 국회의원으로서 그토록 싸웠는데 알맹이를 거두지 못했어요.

그이는 헌법과 의회가 마땅히 그러해야 할 이상을 추구한 겁니다. 그런데 현실은 흉한 모습이었어요. 이런 의미에서 쇼조가 의회정치에 걸었던 기대는 환상이었을지도 모르겠습니다.

이즈음에 쓴 쇼조의 일기는 이러했지요.

인민을 모욕함이 20년, 피해 지역에 헌법은 없다. 다만 후루카와를 살릴 예방선이 있을 뿐, 정부는 인민을 박멸할 수단을

극대화할 뿐.

　사람을 죽이는 자는 종5위가 된다.(후루카와 이치베를 말한다.) 국토를 지키는 충의는 감옥에 있다.(가와마타 사건 유죄 피고인을 말한다.)

　헌법을 지키는 자는 없다. 본뜻, 각 조항, 정신, 이것들은 어디로 갔는가? 의논은 성하되 위로 덴노의 높으신 덕을 해치고, 아래로 인민이 어려움을 겪는다면 이것이 다 대신들 책임이니라.

쇼조는 헌법을 지키지 않는 정부와 의회에 더할 나위 없이 환멸을 느끼고 있었어요. 그렇다면 중의원 의원을 그만둘 수밖에 없지 않겠어요? 하지만 순순히 포기한 것은 아니에요. 이번 15회 제국의회에서 마지막 싸움에 힘쓰는 겁니다. 이것이 마지막이 될 싸움터에 온 힘을 다 쏟는 거지요.

3월, 광독 사건에 대해 끊임없이 질문합니다. 망국 연설도 다시 하지요. 광독을 내보내 국토를 오염시키고 인민을 해치는 후루카와 이치베에게 종5위라는 위계는 왜 주었는가 하는 질문도 합니다. 연단 위의 쇼조는 상처 입은 늙은 사자 같았어요.

드높아 가는 여론에 기대어

의회에 환멸을 느낀 쇼조는 한편으로 간다에 있는 기독교청년회 관 같은 곳에서 연설을 하며 여론에 호소하고자 해요. 11월이 되자 도쿄 여성들이 중심이 돼서 '광독지 구제 부인회'가 발족되지요. 우시오다 지세코를 회장으로, 여성들이 일어선 겁니다. 그리고 도쿄에 있는 젊은 학생들도요. 기노시타 나오에가 쓴 연재 기사가 실린 이래 언론이 다 함께 광독 문제를 보도하기 시작했거든요. 덕분에 여론이 여태 볼 수 없던 기세로 타오르지요.

쇼조의 아내 가쓰는, 와타라세강 하류 오른편의 오우라군 에비세 마을에서 피해가 가장 심한 농민들을 돕는 운동에 힘을 쏟고 있었어요.

10월 23일, 쇼조는 중의원 의원을 사직합니다. 이제 정치인이 아니라 한갓 '시모쓰케의 백성'으로서 싸우겠다고 마음먹었지요. 그 쇼조가 〈마이니치신문〉 주필인 시마다 사부로나 '일본 기독교 부인 교풍회'의 야시마 가지코와, 우시오다 지세코 같은 여성들, 그리고 일간지 〈요로즈초호〉의 구로이와 루이코, 고토쿠 슈스이 같은 지식 인들을 에비세마을이나, 건너편 기슭에 있는 도치기현 시모쓰가군 의 야나카마을로 안내해, 광독 피해 지역을 상세히 돌아봅니다. 그 중에서도 〈마이니치신문〉 기자인 마쓰모토 에이코가 쓴 기사 '광독지 참상'은 여성들의 눈길을 끌죠. 그 덕분에 도쿄 시내에서 많은 여성들이 거리로 나와 광독 피해 지역을 도와야 한다고 호소했거든요.

12월이 되자 에비세마을에서는 부농인 마쓰모토 에이이치가 피해 농민들을 위해 자선 의료원을 세웁니다. 여담이지만 저와는 일가붙이가 되는 분이지요. 운류지가 광독 사무소라면 여기는 하류의 광독 반대 운동 중심지라고 할까요. 광독지 구제 부인회 여성들은 도쿄에서 모금 활동을 하거나 옷가지를 모아 에비세마을 의료원으로 나르며 자원봉사자로서 활약합니다. 젊은 학생들도 많이 움직였어요.

이런 와중에 11월 30일, 후루카와 이치베의 아내인 다메가 간다다리에서 투신자살을 해요. 도쿄의 부인들이 광독 반대에 나서 남편인 이치베를 비난하니 그 괴로움을 이겨 내지 못했던 걸까요.

정부와 의회의 냉담함이 부아통 터지는 현실이라면 여론이나 활발한 구제 활동은 기꺼운 현실이죠. 그리고 피해 농민의 비참함에 가슴 터지는 현실 뒤에서 가해자 측의 예순을 넘긴 이치베 부인이 스스로 목숨을 끊은 것 또한 너무나 안타까운 현실이었어요.

광독 문제 해결을 위한 중대한 결심

정부나 의회에는 희망을 걸 수 없게 됐지만 메이지 헌법을 믿는 쇼조에게 아직은 길이 하나 남아 있었거든요. 앞에서도 보았지만, 메이지 헌법 1조는 이러하지요.

제1조 대일본제국은 만세일계로 덴노가 이를 통치한다.

그리고 제4조는, 덴노는 나라의 원수로서 통치권을 모두 관할하고 헌법의 조규에 따라 이를 행한다, 이렇게 밝히고 있어요.

당시 일본은(아시아태평양전쟁이 끝나고 오늘날과 같은 헌법이 제정되기 전까지의 일본도 여기에 들어갑니다.) 민주국가가 아니었습니다. 덴노가 나라의 원수이고 헌법을 따라 통치하는 입헌군주제 국가였거든요. 나라의 최고 책임자는 내각의 총리나 국회가 아니었어요. 그리고 국민은 덴노의 신민이었거든요. 정부와 국회가 덴노의 신민인 와타라세강 광독 피해 농민 30만을 구제하지 않는다면 헌법을 따라 나라를 통치하는 덴노가 스스로 구제해야 한다는 도리가 있다는 겁니다.

쇼조는 생각 끝에 직접 덴노에게 호소하자고 마음먹습니다. 벌써 이삼 년 전부터 마음속에 두고 있던 생각이에요. 하지만 국회의원인 자신이 그렇게 하다가는 그릇된 예를 남기게 되겠다 여겨서 의원직을 그만두고 하자고 기회를 엿보고 있었지요.

이해 12월 10일부터 제16회 제국의회가 열립니다. 오늘날에도 국회의 회기는 덴노가 출석하며 시작됩니다만 당시 제국의회 역시 회기가 처음 시작되는 날 덴노의 의회 행차가 있었어요. 쇼조는 이때를 노려 덴노에게 직접 상소문을 건네자, 하고 아주 중대한 결심을 해요.

그는 직소장을 어떻게 써야 할지 생각했거든요. 문장에 실수나 결례가 있어서는 안 될 테니까요. 고심 끝에 전날 〈요로즈초호〉 신문기자이자 사회주의자인 고토쿠 슈스이의 집을 찾아가 부탁했어요. 뒷날에 대역 사건(10년 뒤에 일어난 사회주의자, 무정부주의자에 대한 탄압 사건을 말합니다.)으로 처형당하게 되는 이로, 문장을 썩 잘 썼어요. 고토쿠 슈스이는 청탁을 받고는 가만히 쇼조를 보며 입을 엽니다.

"다나카 씨, 목숨을 걸고 계시네요."

"네, 각오는 돼 있습니다."

쇼조는 짧게 답했고요, 백발이 성한 그의 머리털은 흐트러지고 안색은 창백했어요. 사흘 전까지만 해도 감기로 누워 있었으니까요. 하지만 10년 동안 쌓인 고뇌와 덴노 직소에 대한 각오는 늙은이의 얼굴에 역력히 어려 있었죠.

"이 다나카 쇼조가 인민의 대표로 뽑혔는데도 어느 것 하나 이루지 못했어요. 송구하오나 상소문을 전해 아뢰 올릴 수밖에 길이 없습니다. 이제 시모쓰케의 한 백성으로서 이 늙은 목숨을 바쳐 광독으로 허덕이는 백성들을 살릴 수만 있다면 제 목숨은 귀치 않습니다."

"하지만 다나카 씨……"

"그 자리에서 죽더라도, 한은 없습니다. 아니, 쇼조는 만족합니다."

덴노에게 직소하다 죽으면 광독 문제는 온 일본의 여론이 되어서 해결될 것이다……고 쇼조는 믿었어요.

"알겠습니다. 쓰겠습니다. 내일 아침까지 꼭 써 드리겠습니다."

한참 직소 문장에 대해 주고받은 뒤 쇼조를 돌려보내 놓고 슈스이는 문장을 생각하고 다듬었어요. 다 끝내고 나니 날은 새어 먼동이 트기 시작했지요.

여기서 설명을 좀 보태야겠어요. 이 묘사는 역사의 진실과 좀 다를 수 있어요. 전날에 쇼조가 슈스이를 찾아간 것은 분명한데 미리 슈스이와 이시카와 한잔(신문기자이자 훗날에 중의원 의원이 되는 인물이죠.)까지 셋이서 '뜻을 모았다'는 글을 최근에 도카이린 기치로 씨가 발표했거든요. 이 설이 옳다면 쇼조란 인물은 굉장한 '전략가'로서 부각되는 것이죠. 쇼조는 정말 슈스이들과 계획을 세워 직소를 실행한 걸까요? 슈스이가 초고를 쓴 것은 거의 한달 전인 11월 12일이었다는 누노카와 료 씨의 논고도 있답니다.(여러 설을 요약한 자신의 견해를 '다나카 쇼조 직소의 진상'이란 제목으로 〈다나카 쇼조와 아시오 광독 사건〉 8호에 쓰고 있습니다.)

직소를 결행하다

12월 10일 이른 아침, 쇼조는 고토쿠 슈스이가 갖다 준 직소장을 한 차례 읽고는 품에 넣은 채 인력거를 탔어요. 인력거에서 본 아침 거리는 두 번 다시는 볼 수 없을 제국의 수도 도쿄입니다.

의장 관사에 들어가 낯익은 서생이 내준 따듯한 물을 받아서는 마른 목을 축였어요. 가타오카 겐키치 중의원 의장은 벌써 등원해 버렸고 관사는 조용했죠. 쇼조는 응접실에 들어가 서생에게서 붓, 벼루, 인주를 빌려 홀로 책상에 앉았어요. 슈스이가 써 준 직소문을 숙독하고는 붓을 들어 곧바로 고쳤지요. 깨끗이 새로 쓸 시간은 없었거든요. 벌써 덴노가 탄 마차가 의사당으로 들어설 시간이 바짝 다가오고 있었으니까요. 올리는 글 앞표지에 '근주謹奏', 그러니까 '삼가 덴노께 아룀'이라고 써 놓았기 때문에 그 왼쪽 아래에다가 다나카 쇼조라고 직접 쓰고 도장을 찍은 뒤에, 글을 고친 자리에도 날인했어요.

화닥닥 관사를 뛰쳐 나선 쇼조는 일반 배하를 하려고 길가에 늘어선 사람들을 누벼 가며 맨 앞줄로 나갔습니다. 마침 행차가 지나가려고 해요. 바로 저기 덴노가 탄 마차가 다가옵니다. 쇼조는 마차 창문은 닫혀 있겠거니 여겨 직소문을 어떻게 건네야 할지 망설였어요. 그러는 사이 마차는 참배 줄 앞을 지나갑니다.

예상밖이었어요. 창문은 열려 있었거든요. 그걸 안 쇼조는 개회식을 마치고 떠날 때 결행할 수 있겠노라고 나름으로 생각해 마음을 놓았지요.

그는 자리를 옮겨 왼쪽 가장자리에서 겉옷과 모자를 든 채 군중들 맨 앞줄에 서서 기다렸습니다. 10분이 반나절이나 한나절이라고 느

꺼질 정도로 긴 시간이었어요.

오전 11시 10분, 마차가 귀족원 정문을 나와 왼쪽으로 돌더니 통용문 앞을 막 지나가려 해요. 마차 선두를 근위 기병이 옹위하고요. 덴노가 탄 마차가 다가오기를 기다리던 쇼조는 짚신을 벗고는 하얀 버선발로,

"청원이 있사옵니다. 청원이 있사옵니다."

하고 외치며 뛰기 시작했어요.

발이 꼬여 넘어질 뻔했지만 오른손으로 직소문을 드높이 올려 들고 반만 열린 창문 쪽으로 뛰었어요.

창문 안에서 흘끗 이쪽을 돌아본 덴노의 낯을 쇼조의 눈은 분명히 알아봤지요.

"청원이 있사옵니다."

오른손을 더욱 높이 올려 꿇어앉으려 할 때였어요. 말 한 필이 느닷없이 쇼조와 마차 사이에 끼어들었습니다. 창을 든 근위 기병이었지요. 대낮의 밝은 햇빛 아래 창 끝이 반짝했고 쇼조는 이제 찔리겠구나 각오했어요. 덴노 폐하 앞에서 죽는다……, 바라는 바였죠.

하지만 다음 순간 눈부신 빛발 아래 말이 뒷발로 일어서는 게 보이는가 싶더니 쇼조의 눈앞에서 모로 쓰러진 겁니다. 쇼조를 폭도라 착각해 말로 가로막으려던 근위 기병이 말 머리를 돌리자고 한 서슬에 말이 모로 쓰러지는 바람에 기병도 날아서 길 위로 떨어졌어요.

쇼조에게는 너무나 뜻밖의 일이었죠. 정신을 차리고 보니 쇼조는 연도를 경비하는 경시청 경관 둘에게 목덜미와 양팔을 잡혀 벌렁 뒤집혀 있었어요.

이 동안에 덴노가 탄 마차는 무슨 일이 있었냐 싶게 그냥 통과해 지나가 버렸죠. 난폭하게 끓어앉힌 쇼조 귀에는 경관이 내는 고함소리도 연도에 늘어선 군중들이 잔뜩 놀라 지르는 비명소리도 들리지 않았어요. 멀어져 가는 마차에서 나는 발굽 소리와 바퀴가 내는 희미한 삐걱 소리만 덧없이 울릴 뿐…….

고토쿠 슈스이가 청을 받아 기초하고 쇼조가 고쳐 쓴 직소문은 "초망지미신 다나카 쇼조, 성공성황(참으로 황공하오나) 돈수돈수(거듭 머리를 조아리며) 삼가 말씀 올림"이라는 문장으로 시작하죠. "초망지미신"이란 덴노에 대해 "초야의 이름 없는 미천한 신하"란 뜻인데, 직소문이란 특별한 성질을 고려해 쓴 말이라 하더라도 쇼조의 천황관에 대해서는 조심스레 헤아려 보는 것이 좋겠습니다.

일본은 성공성황이라고 하지만, 우리말에서는 성황성공이라고 쓰이지요.

쇼조의 직소는 단순히 덴노의 자애로움에 매달리려던 행위는 아니었겠죠. 목숨을 걸고 직소를 통해 광독 피해 농민의 참상을 사회에 널리 호소하고 싶었던 거잖아요. 다만 헌법으로 정한 덴노의 권위를 쇼조는 그저 존중히 여기고 있었다고 이해해야 하지 않을까요.

그러나 직소문은 메이지 덴노에게 전해지지 못한 채, 그 시도는
실패하고 말았어요.

하지만 도쿄 시내는 온통 뒤집혔죠.

"호외요! 호외!" 하고 외치는 방울소리가 시내에 울려 퍼졌습니
다.

전 중의원 의원 다나카 쇼조 직소를 도모함!!

다음날 신문들은 모두 직소 기사를 아주 자세하게 실었어요. 그 가운데는 "불경의 죄, 죽음에 해당한다."고 쓰면서 사형을 운운하는 신문도 있었지만, 대부분은 쇼조를 안타깝게 여겼고, 이틀 뒤에는 슈스이가 쓴 직소문 전문을 실으며 광독 사건이 얼마나 심한가 그 참상을 보도했어요. 광독 사건은 이렇게 해서 일본 전역의 국민들에게 알려지게 되지요.

고지마치 경찰서로 연행된 쇼조는 당장 검사의 취조를 받습니다. 소식을 듣고 뛰어간 사토리 히코지로의 옥바라지는 허락됐어요. 하지만 쇼조는 늦은 밤, 노년이니 도주할 위험도 없을 거라며 풀려나요. 히코지로가 보증인이 되고요. 쇼조는 그길로 작년부터 도쿄에 올 때면 묵는 시바구치마치의 에추야료칸으로 돌아갔어요. 앞서도 말한 이시카와 한잔은 일기에 이렇게 썼습니다.

다나카 석방이라는 보고를 받음. 즉시 에추야에서 만나 봄.

내가 다나카를 보며 말하길, 실패했다 실패했다 실패했다.

어느 칼에 찔리거나 죽어 버렸다면 일이 됐으려나?

다나카가 말하길, 어째야 할지 모르겠소이다.

내가 위로하며 말하길, 안 하는 것보다는 나아요.

고토쿠 늦게 옴. 소리 내어 크게 웃음 소리 내어 크게 웃음 소리 내어 크게 웃음.

진실은 어떨까요? 이 무렵에 쓴 쇼조의 일기는 아쉽지만 발견되지 않습니다. 그래서 전 아직은 이들이 '뜻을 모았다'고 단정 짓기가 좀 껄끄러워요.

여드레가 지나 쇼조는 광독 피해 지역인 에비세마을에서 피해 주민을 돕는 운동에 힘쓰며 남편의 안부를 걱정하는 아내 가쓰에게 편지를 썼어요.

쇼조는 이제 죽은 사람이올시다. 지난 10일에 죽어 마땅한 사람이올시다. 오늘 이렇게 목숨이 달려 있는 건 틀려먹은 일이올시다. 그날은 한 기병이 말에서 떨어져 그리 되었노라. 그러지 않았다면 덴노와 인민을 위해 잘됐을 텐데, 불행하게도 내 다리가 허약해 오늘도 이렇게 살아 있나이다.

하품 사건에 대한 진묘한 판결

덴노 직소 이후 쇼조는 불경죄(황족에 대해 경의를 다하지 않는 행위에 대한 죄)로 재판받지는 않았어요. 불경죄로 쇼조를 재판에 넘겼다가는 광독 사건이 일본 전역에 한층 퍼져 화젯거리가 될 테니까요. 정부는 그게 두려워 직소 사건을 세상 사람들이 쉽사리 잊기를 바란 거죠. 대신 이듬해인 1902년 5월이 되자 쇼조에게 하품 사건으로 판결을 내렸어요. 중금고 1개월 10일, 벌금 5원을 선고했지요.

일본 전역을 놀라게 한 덴노 직소라는 큰 사건은 모르쇠로 잡아떼고 재판소에서 하품을 한 생리 현상에는 세상에, 40일이란 무거운

중금고형을 매긴 겁니다. 하품이 범죄가 되고 만 이 진묘한 판례는 세계 어느 나라를 찾아도 없을 것 같아요.

소조는 도쿄의 수가모 감옥에 들어갔다가 예순두 살, 나 많은 몸으로 병에 걸리는 바람에 병감으로 이송되지요. 그러다 여기서 〈신약성서〉를 탐독해요. 만년의 사상 형성에 큰 영향을 준 기독교와 소조는 이렇게 만나게 됩니다.

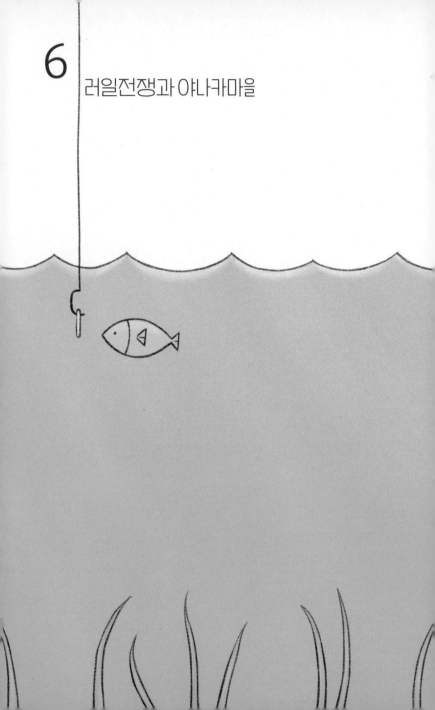

6

러일전쟁과 야나카마을

쇼조는 네 번째 옥살이에서 처음으로 〈신약성서〉를 읽습니다.

이와테현의 감옥에서 번역서《서국입지편》과 같은 책을 읽고 서양의 인권 문제를 알게 된 것이 서른세 살 때예요. 그로부터 이제 30년이란 세월이 흘렀거든요. 무엇보다 광독 반대 운동 속에서 여러 사람들을 보아 왔고요.

인민의 대표인 국회가 개설돼 헌법이 만들어지고, 일본은 근대국가로서의 체제를 갖췄지만 정부 관료들은 광독을 모른 척하며 피해 농민을 구하려 하지 않았어요. 후루카와 이치베는 자신이 운영하는 기업이 광독을 내뿜는데도 구리 광산의 조업을 그만두려 하지 않았고요.

쇼조가 일기에 쓴 것처럼 "후루카와 이치베가 광독 사건을 숨기

144

고자 관리나 마을 들에 마구잡이로 뇌물을 쓴 것은 광독과 어울러서 무서운 해독이 돼 사람들의 마음마저 썩게 한다.”는 겁니다.

화학적인 광독만이 독은 아니었어요. 정치인이나 기업가며 뇌물을 받은 관리나 일부 농민들에게도 ‘마음의 독’이 스며들었어요. 눈으로는 보이지 않는 ‘마음의 독’이 사람 사회에 악마같이 퍼졌죠. 사람들 마음속에 스며든 독이 가셔야 ‘광독’은 없어질 겁니다. 성서는 그것을 가르쳐 줬어요.

여태껏 정치인으로 헌법을 지키려고 싸워 온 반생이 쇼조는 허무하게 느껴졌을 거예요. 헌법이나 법률에서 말하는 인권이나 권리보다 인간 정신의 깊은 내면이 바뀌지 않으면 안 된다는 거죠.

사람들이 갖고 있는 더러운 부분을 스스로 버리지 않는 한 인간은 망할 테고 국가 또한 망할 거예요.

그 더러운 면을 실컷 보아 온 쇼조는 전부터 기독교도인 지식인이나 기독교 청년회 젊은이들과 사귀며 기독교에 큰 관심을 품어 왔어요. 하지만 예순두 살이나 돼서 처음으로 〈신약성서〉를 읽고 심오한 뜻을 깨달았단 말이에요. 시모쓰케의 노백성으로서요. 이 감옥도 인생의 대학이었던거지요.

그렇지만 기독교에 귀의하자는 생각은 아예 없었어요. 몇 년 뒤가 되지만 그러한 심경을 기노시타 나오에에게 부친 편지에 이렇게 썼거든요.

산에 들어가 선인이 되어도 세상에 보탬이 되지 않습니다. 사회에서 싸우는 그 과정에, 고투하면서 그 고달픔을 정화하면 자연스레 사회에도 자신에게도 보탬이 되는 것이라 생각합니다.

소조는 기독교의 하나님에 마음을 열었지만 악전고투하는 현실에서 도피할 생각은 티끌만치도 없었어요. 예순두 살이나 먹은 노인인데 말입니다. 여느 사람 같으면 이제 포기할 텐데요.

소조는 메이지 덴노가 탄 마차 앞에서 한 번 죽은 사람이지요. 그이는 예순두 살에 다시 살아난 겁니다.

광독 유수지안과 교묘한 선전

형을 다 살고 옥에서 나온 소조는 광독 피해 지역을 살리기 위해 온 힘을 다합니다. 1903년, 이해 8월에도 와타라세강에서는 홍수가 나 하류 왼쪽에 있는 야나카마을의 둑이 무너졌어요. 소조는 이렇게 썼거든요.

내려다보시는 하늘을 우러르지 않으면 보통 사람은 타락하고, 국민이 감시를 게을리하면 정치인은 도둑질을 한다.

오늘날에도 통하는 날카롭고 무거운 말이죠.

게다가 9월에는 간토 지방 일대에 대홍수가 납니다. 이때 광독을 실은 탁류는 야나카마을뿐 아니라 맨 하류가 되는 왼쪽 사이타마현 도시마마을과 가와베마을의 둑을 부수고 흘러나와 일대는 드넓은 호수가 돼 버리지요.

그리고 10월, 이 두 마을을 현이 사들여 유수지를 만들자는 안이 나옵니다. 쇼조는 얼른 두 마을을 찾아가 현의 매수를 반대하도록 설득해요. 마을마다 주민 집회를 열어 피해 주민 천 명이 사이타마 현청에 청원하고 매수 반대 운동을 펴 나갔어요.

실은 현뿐 아니라 정부도 벌써 두 마을을 유수지로 삼는 안을 은밀히 세우고 있었지요. 와타라세강 가장 아래쪽에 거대한 못을 만들고 거기에 광독 물을 저장해 놓으면, 제국의 수도인 도쿄를 광독 홍수로부터 지킬 수 있으니까요. 유수지가 있다면 와타라세강과 만나는 도네강의 도쿄 쪽 둑이 무너지는 걸 막을 수 있잖아요. 그래서지요.

이 계획에는 또 중류와 상류의 광독 피해 농민들을 설득할 수 있다는 이점도 있었거든요. 와타라세강 끄트머리에 광대한 유수지를 만들면 홍수가 났을 때 탁류는 단숨에 거기로 흘러 들어가 중류나 상류의 둑이 무너지는 걸 막을 수 있고, 그곳 마을들은 광독 홍수 피해를 입지 않을 수 있다는 거죠. 이 계획은 중류, 상류와 하류의 피해 농민들을 교묘하게 갈라 놓는 생각이라는 겁니다. 서로 싸우게 만들고 광독 피해를 입에 올리지 않도록 하려는 발칙하고 악의에 찬 모의인 거죠.

한편 도쿄에서 벌어지던 광독 피해 지역 구제 운동도 침체돼 있었어요. 10월 들어 광독지 구제 부인회 인사들의 연설회와 기독교 청년회 연설회가 겨우 눈에 띄었을 정도로요.

이렇게 된 데는 몇 가지 까닭이 있죠. 첫째로, 아까 얘기한 대로 정부나 사이타마현이 강 끄트머리에 유수지를 만들겠다는 안을 내비치자 중류와 상류의 농민들이 "우리 마을은 살아날 수 있다."고 마음을 놓은 거고, 둘째로는 여태 이어진 가와마타 사건 재판으로 피해 농민들이 대부분 지쳐 버렸다는 것, 셋째로는 쇼조의 덴노 직소는 제정신으로 한 행동이 아니라며, 하품 사건으로 40일 동안이나 옥에 가둬 놓고, 쇼조를 농민과 지지자들로부터 고립시키려 한 정부와 후루카와 이치베의 선전이 제법 먹혔다는 겁니다. 그리고 광독 반대 운동은 소위 사회주의자들의 운동이어서 바람직하지 않은 일이라는 소문을 퍼뜨리기도 했어요.

선전이라면 또 있습니다. 이전 해 6월, 독자 수가 많은 〈풍속 화보〉라는 잡지가 아시오 구리 광산을 소개하며 가장 큰 판형에 총천연색 화보를 실은 60쪽짜리 증간호를 발행했어요. 오늘날로 치면 퍼블리시티 광고 방법이겠네요. 이 증간호는 광독은 예방공사를 했으니 이제 안 나오게 되었다고 한껏 추켜세웁니다. 그리고 나들이옷을 차려 입은 남녀들을 태운 철도마차가 3층짜리 여관 거리를 지나가는 번화한 현황, 갱 속 모습, 일본 유일을 앞세우며 닛코에서부터 험한 산줄기를 넘어 달리는 구리 운반용 강삭철도(로프웨이), 또 일본에 하나밖에 없다는 베세머 제동로, 문명 개화의 선봉을 자랑하는 전화 교환대, 일본 씨름이나 축제와 같은 여러 오락 따위가 총천연색 그림으로 화려하게 소개됐어요. "가구 수는 4,220호, 인구는 19,518명, 장래 번영이 크게 기대됨."이라고 호들갑을 떨었고요. 당시 인구가 2만이라면 제법 큰 도시가 되겠네요.

〈풍속 화보〉특별 증간호는 전국의 서점에서 많이 팔렸지요. 그러자 신문들마다 구리 광독이 언제 나왔었냐 싶게 아시오 구리 광산의 성황을 꿈속 별천지처럼 보도했어요.

도시마, 가와베 두 마을의 유수지안이 나왔을 때 일본 사회는 마침 이런 상황이었어요. 쇼조와 두 마을 농민들은 강경히 반대했지요. 그 결과 사이타마현은 이 매수안을 거뒀어요. 이해 12월 말, 가와마타 사건의 재심 공판이 미야기현 공소원에서 소멸됩니다. 이게 모처럼 좋은 소식이 됐네요.

1903년 4월에는 후루카와 이치베가 병으로 사망해요. 일흔두 살이었거든요. 6월에 정부는 야나카마을 유수지안을 발표하지요. 사이타마현의 가와베, 도시마에다 만들지 못했으니 그 바로 위쪽 도치기현 시모쓰가군의 야나카마을에 커다란 광독 못을 만들자는 거죠.

쇼조는 반대했어요.

9월에 홍수가 나면서 복구 공사 중이던 야나카마을 둑이 무너졌는
데 다른 광독 피해 지역들은 벼농사가 여느 해 없이 풍작이다 보니
야나카 농민들에 대한 관심이 덜했어요. 게다가 국민들 관심은 아시
아 진출을 척척 준비하는 러시아로 쏠리고 있었답니다.

러시아는 청일전쟁에서 이긴 일본에게 독일, 프랑스와 함께 강화 조약을 트집 잡아(삼국 간섭) 요동반도를 반환시켰고 이래저래 위력을 행사하기도 했습니다. 그러니까 "러시아를 쳐야 한다."고 일본 국민들의 분개심이 한껏 치달았지요. 쇼조는 어떻게 생각했을까요?

이해 2월에 쇼조는 시즈오카현 가케가와마치에서 선거 응원 연설에 나서 비전론을 펴고는 그날 일기에 이렇게 썼지요.

"구리 광독 문제는 대러對露 문제보다 우선해야 할 문제다. 광독 문제를 뒷전에 미루고 싸우면 실패한다. 바라는 바는 비전非戰이다."

쇼조는 국내 광독 문제 해결을 으뜸으로 내건 전쟁 반대론자였어요.

하지만 이듬해인 1904년 2월 10일, 일본은 러시아에 전쟁을 포고해요. 러일전쟁이 터진 거예요. 러시아는 강대한 군사력을 가진 대제국이지요. 일본이 청일전쟁에서 승리했다한들 아시아 한구석의 소제국에 지나지 않거든요. 이 작은 나라가 거대한 러시아에 도전한 거예요. 국민은 전쟁이 돌아가는 형편에 관심이 쏠려 흥분했고 광독 문제는 저리 가라였어요.

쇼조는 아래와 같은 격문을 만들고 도쿄를 중심으로 뿌리는 운동을 해요.

> 군국이라는 이름을 빌려 사회를 유린하며 사욕을 좇는 악마를 박멸하고, 국민은 국민의 권리와 인도를 지키는 데 힘쓰라.

여기서 '악마'는 기독교의 신에 맞서는 적대자라는 뜻으로 러일전쟁의 이름을 빌려 광독을 강에다 마구잡이로 흐르게 하며 증산을 일삼아 제 잇속을 채우는 아시오 구리 광산을 비롯한 군수산업과 정치인을 가리키지요.

이같은 쇼조의 생각은 러일전쟁 중에 써 보낸 편지마다 나타납니다.

> 소생의 주의는 무전론으로, 세계가 모두 함께 해·육군을 없애기를 바라고 또 기도하는 것입니다. 다만 인류는 평화에 관한 전쟁이야말로 늘 온 힘을 다해 임해야 온당할 것입니다. 혹여 이 일에 게으르거나 방심한다면 끝내는 살벌한 전쟁으로 나아가게 되겠지요.

인류 평화를 위한 전쟁이라면 어쩔 수 없겠지만 바라는 바는 전 세계 나라들이 군비를 전폐하고 군대를 갖지 말아야 한다는 생각입니다. 그리고 "일본이 전쟁을 시작한 것은 사기꾼의 주장이며 국민들주장이 아니다." 이렇게 말하죠. '사기꾼'이란 전쟁으로 돈을 버는 아시오 구리 광산 같은 군수산업이나, 마을 청년들을 러일전쟁에 출병시키고 야나카마을을 광대한 광독 유수지로 만들고자 꾀하는 정부와 현의 관리를 두고 하는 말이었어요. 그러니까 쇼조는 "야나카문제는 러일 문제보다 큰 문제다."라고 호소한 겁니다.

나아가 쇼조는 학생들에게 이런 시를 지어 편지를 쓰지요.

> 싸우지 않고 이겨 의기양양한
> 저 스위스를 더듬어 찾아 보라 일본 사람들이여

일본이 아시아태평양전쟁에서 패하고 평화헌법을 만들 때 저는 중·고등 학생이었습니다. 그 무렵 중립을 지키며 번영해 나가는 스위스를 본받아야 한다는 이야기를 자주 들었지요. 그런데 쇼조는 그보다 반세기나 앞서 '스위스를 봐라.' 하고 학생들에게 가르친 겁니다.

마을의 작은 악마들

도치기현 시모쓰가군 야나카마을은 도치기현의 가장 남쪽 가장자리로 와타라세강 하류 왼쪽에 자리 잡고 있었습니다. 동쪽으로는 오모이강을 거쳐 시모쓰가군 노기마을, 동남쪽으로는 이바라키현 고가마치, 남쪽은 와타라세강을 거쳐 사이타마현의 도시마와 가와베마을, 서쪽은 우불구불 굽이쳐 '일곱굽이'라고 일컫는 와타라세강 건너편 기슭에 있는 군마현 오우라군 에비세마을, 그리고 서북쪽으로는 시모쓰가군 후지오카마치와 맞닿았지요. 또 북쪽에는 광대한 아카마늪이 있고 동쪽은 우즈마강이 오모이강과 만나 사방이 그야말로 둑으로 둘러싸인 마을이었거든요. 1888년에 제정된 시제정촌제로 우치노·에게노·시타미야 세 마을이 하나가 돼서 야나카마을이 생긴 겁니다.

마을에 사는 청년으로 쇼조의 제자가 된 시마다 소조가 말하기를, 땅이 1,300정보, 집이 450호, 인구는 2700명이나 되는 부유한 마을이었대요. 천연자원이 풍부하고 땅은 비옥했지만 야나카마을에는 유수지 계획이 나오기 전부터 아주 성가신 문제가 있었다지요.

10년도 더 된 일인데 그 무렵 지주이자 시모쓰가 군수이던 안죠 준시로가 마을의 큰 지주와 손을 잡고는 아카마늪 쪽 둑을 넓혀서 늪을 메운 땅을 자신이 차지하려고 제방 공사를 시작했대요. 그 자리가 이듬해 홍수로 무너져 마을이 물에 잠겨 버렸는데 안죠 군수는 무너진 둑을 고치지도 않고 내버려둔 채 군수를 그만두고는 물에 잠긴 논밭을 싸게 사서 배수 공사를 시작했어요. 그이는 침수를 해결

한다며 마을 사람들더러 한 해에 얼마씩 내게 한 다음, 배수기를 구입해 오모이강에다 설치하지요. 하지만 그 배수기는 효과가 없었어요. 그랬더니 이번에는 둑을 손본답시고 마을이 빌리는 것으로 해서 은행에서 큰돈을 꾼 다음 대지주와 일을 꾸며 또다시 제 뱃속만 채웠대요.

아름답고 풍요로운 야나카마을에도 이처럼 돈벌이에 눈이 먼 안죠나 그와 한통속인 대지주, 그리고 몇몇 농민들 마음 속에는 '작은 악마'가 있었다는 말입니다. 이런 사건들이 잇달아 일어나는 바람에 촌장을 맡을 사람마저 없어져 군 서기가 촌장 일까지 하게 됐어요. 아쉽게도 야나카마을은 촌장이 없는 마을이 되어 버렸습니다. 마을 자치가 무너진 겁니다.

그러니까 정부나 도치기현이 야나카마을을 유수지로 삼기에는 아주 유리했단 말이죠. 하지만 쇼조는 이렇게 말했어요.

"정부가 저버린다면 이걸 건져내 천국을 하나 새롭게 만들어야 한다."고요.

버려지는 마을에 천국을 만든다, 이 생각은 그리스도를 만난 쇼조가 마음으로 듣게 된 신의 소리였던 것 같아요. 이즈음 쇼조는 세상에는 옳음과 옳지 않음이 있고, 정의는 힘이 없어도 "약한 대로 그 나약함을 살려 낸다."고 생각하게 됐어요.

러일전쟁이 격화된 1904년 7월, 쇼조는 야나카의 마을 일에 전념하기 위해 가와나베 이와고로 씨 집에 방을 빌려 살게 돼요. 그러고는 야나카마을뿐 아니라 이웃 마을들을 돌아다니며 청년들을 설득하고 '야나카마을 악폐 청산 토지 부활 청년회'를 꾸렸어요.

'악폐'란 좋지 않는 습성이란 뜻인데, 욕심으로 눈이 어두워져 양심을 잃은 안죠 전 군수나 지주들의 나쁜 습관을 말끔히 치우고 저희 마을 자치를 청년들 손으로 부활시키자는 겁니다. 그리고 마을 사람들의 마음을 정화하고 강인하게 하려는 노력부터 시작해요.

마을 청년들에게 쇼조는 말했어요.

"이 풍요헌 마을은 헌 것도 군 것도 아니여. 자네들 마을이제. 젊은 자네들이 새로 맨들고 제 심으로 다스려야 헌단 말이제. 이 마을 자치가 살아나야 나라도 번영헌단 말이여."

하지만 마을 청년들은 곧 척척 소집영장을 받고, 전쟁터로 죄다 휩쓸려 가게 됩니다. 이듬해에 쇼조는 마을 여성들에게 호소해요. 그리고 '야나카마을을 부수지 않겠다고 굳게 마음 먹은 동지들'이란 모임을 만들었어요. 이렇게 해서 여성들도 일떠선 겁니다.

곁다리 얘기가 되지만 시마다 소조가 뒷날에 쓴 《다나카 쇼조 옹 여록》에 보면 러일전쟁이 한창이던 이때 야나카마을에는 '병대별화 兵隊別火'라는 모임이 있었대요. 마을에 징병 적령자가 생겨나면 정월

이나 2월 어느 정해진 날에 그해 담당을 맡은 간사가,

"병대별화입니다. 하치만사마에 모두 모여 주시기 바랍니다."

하고 골목마다 소리치며 돌아

다닙니다. 그리고 모인 사람들은

야나카마을에 있는 신사였대요.

신사 앞에서 큰북을 치며 큰 소리로, 미친 듯이 징병의 액화가 붙지

않도록 빌고 빈답니다. 이 시대, 야나카마을에서는 징병 기피가 공

공연한 비밀로 행해지고 있었어요.

하지만 러일전쟁은 한층 심화돼 마을 청년들은 병사로 끌려갔지

요. 한편 이 전쟁에서 육군 노기 마레스케 장군은 뤼순 요새의 203

고지를 함락했고, 그 직후인 12월 10일 도치기현의회는 비밀 회의에

서 둑을 손본다는 명목으로 야나카마을을 매수하는 안을 가결합니

다.

러일전쟁 승리와 야나카마을

드디어 노기 장군은 난공불락이라고 이르던 203고지를 무너뜨렸

고, 1905년 정월 초하루, 뤼순성의 문을 열었어요. 5월에는 도고 헤

이하치로 연합함대 사령관이 이끄는 일본 해군 연합함대가 일본해

에서 세계 최강이라던 러시아의 발트함대와 싸워 크게 승리했고요.

러일전쟁은 9월 5일, 포츠머스조약이 체결되면서 일본의 승리로 끝

납니다.

이해 일본은 뤼순 전투 승리에 이어 러일전쟁에서도 이기며 그야말로 승리에 열광한 한해가 됐죠. 강화조약에 불만을 품은 대

러·일강화조약으로도 불립니다. 조선반도에 대한 일본의 우선권, 중국 관둥저우의 조차권, 전쟁 배상금은 없음 따위를 결정했지요.

중이 계속 전쟁을 부르짖고, 일본 내부가 시끄러워졌어요. 도쿄 히비야에서는 거대한 폭동이 일어났고, 평화 회복에 적극적이었던 기독교 교회에 불을 지르기도 했다니까요.

일본 사람은 러일전쟁에 이겨 오만해졌어요. 안타깝게도 이런 행위는 군부를 우쭐하게 했죠. 일본 사람들 마음에 '악마'가 스며들기 시작했어요.

앞서도 말했지만 러일전쟁 후 군인이 힘을 얻으며 일본은 군국주의라는 잘못된 길로 나아가 중일전쟁에 돌입하고, 아시아를 침략하는 대동아전쟁(아시아태평양전쟁)을 시작하고 맙니다. 쇼조가 지적한 대로, 내려다보시는 하늘을 우러르지 않아 일본 사람은 타락했고, 국민이 감시를 게을리한 탓으로 나라를 다스리는 사람이 도둑질을 하는 시대가 돼 버렸어요.

일본이 러일전쟁 열기에 들떠 있는 사이, 야나카마을을 도치기현이 사들여 광독 못으로 만들려는 음모는 착착 진척되고 있었어요. 물론 쇼조는 온 몸과 마음을 내던져 반대합니다. 마을 청년들과 여성들도 똘똘 뭉쳐 반대했어요. 뿐만 아니라 도시마와 가와베 마을

농민들도 야나카마을 매수 폐지 청원서를 귀족원과 중의원 양원에 내고 야나카 사람들을 응원하느라 뛰어다녔어요. 또 동쪽 강가의 노기마을 같은 곳에서도 반대했거든요. 광독 피해 지역인 이 마을은 우리 아버지가 태어난 고장이기도 하지요. 야나카마을 유수지화 반대 운동은 하류까지 내려가 크게 번졌어요.

쇼조는 내무대신에게 진정을 내기 위해 야나카마을 촌회 의원들과 도쿄에 올라가기도 하고, 도치기현 지사나 현의회에 항의하러 다니느라 자고 먹는 일도 잊다시피 움직였어요. 마을이 부서지지 않도록, 없어지지 않도록 온 힘을 다했어요.

이해 1월 쇼조는 러일전쟁을 비판하며 편지에 이렇게 썼지요.

야나카마을은 이제 죽는구나. 얻어맞고, 뺏기고, 죽이는 데도 기댈 법이 없다. 이 죽을 자를 향한 사나운 기세는 마치 러시아 수도에서 일어난 폭정과 같다. 러시아 정부는 청원하러 간 사람을 학살하는 폭거까지 저질렀다. 이건 결코 러시아 수도에서 일어난 일로 보면 안 된다. 우리 일본 안에서도 마찬가지니라. 나는 일본과 러시아 양국의 빈민을 대신해 두 나라 의인에게 울며 호소한다. 야나카마을의 참상은 그걸 가장 잘 나타내고 있다.

러시아 정부의 폭거란 같은 해인 1905년 1월에 페테르부르크에서 일어난 사건입니다. 청원에 나선 수만에 달하는 러시아 민중에게 군대가 발포하면서 수많은 사상자가 났습니다. 그래서 그날을 "피의 일요일"이라고 부르지요. 쇼조는 러시아 민중들에게 야나카마을 사람들을 포개어 생각했어요.

2월, 야나카마을 사람들은 어려운 처지에서도 마을을 지키기 위해 파괴된 둑을 자비로 복구하기 시작했어요. 도시마와 가와베 두 마을에서 매일같이 수십 명이나 되는 농민이 응원하러 와 주었지요. 하지만 도치기현의 토목 기사들이 주민들이 둑을 복구하려고 호안용으로 쌓아 놓은 돌을 가져가 버립니다. 그래서 완성을 코앞에 두고 홍수가 나 둑이 무너져 버렸어요.

7월, 쇼조와 주민들의 반대 운동에도 도치기현에서는 유수지로 넣을 땅을 측량하러 마을에 들어가겠다고 통고해 왔어요. 러일전쟁이 끝나기 두 달 전의 일이었지요.

안타까운 일은 또 생겼어요. 광독 반대에 힘쓰던 학생운동가, 사토리 히코지로가 전쟁이 끝난 다음 달, 도치기현의 토목 관리가 되었습니다. 이제 야나카마을을 사들여야 하는 사람이 된 거지요. 무엇보다 도시마나 가와베, 노기 마을 같은 곳은 야나카마을 매수에 반대했는데, 그전까지 십 년이 넘게 광독 반대 운동에 힘써 온 중류나 강기슭의 다른 마을들은 야나카마을 유수지안에는 거의 반대 목소리를 내지 않았다는 겁니다. 자기네 마을이 살아나기만 하면 된다는 생각이었을까요?

쫓겨나는 사람들

도치기현청의 관리나 경찰들은 매일같이 마을에 와 설득했습니다.

"러일전쟁에서 우리 일본 제국은 강대한 러시아와 싸우고 있다. 아시오 구리 광산에서 증산하는 구리는 일본군의 대포나 탄알이 돼서 나라를 위해 활약하고 있다. 혹시라도 우리 일본이 지면 어떻게 되겠나? 일본 땅은 러시아 병사들 발 아래 짓밟힌다. 마을 여자들도 욕보일 거고. 나라를 위해 이 마을에 유수지를 만드는 거다. 너희들이 물러나는 것이 덴노 폐하나 나라를 위하는 일이 되는 거야."

그러고는 땅을 팔면 받게 될 돈 얘기를 흘리며 겁을 줬지요.

"매수에 응한 자에게는 나라가 보상금도 주고 대신 농사지을 땅도 빌려줄 테고, 땅이 없는 자는 따로 구제할 방법까지 찾아 준다는 거다. 그 돈으로 딴 데에 가서 땅도 사고 논밭 가진 백성이 돼서 편안하게 살 수 있다고. 하지만 이 마을을 떠나지 않으면 덴노 폐하와 나라에 맞서는 역적이 돼. 알아? 끝까지 반대하다가는 옥에 갇힐 거다. 알겠냐?!"

덴노 폐하와 나라를 위하는 일이라는 데다가, 반대하면 옥에 가둬 놓는다고 협박까지 일삼으니 마을 사람들은 마지못해 떠나기로 결정했어요. 특히 가난한 농민들이야말로 얼마 안 되는 돈이겠지만 손에 쥐고 싶었던 거예요.

쇼조의 오른팔이던 사토리 히코지로까지도 현의 토목 관리가 된 것처럼, 도치기현은 유력한 농민 활동가들을 닥치는 대로 회유했습니다. 히코지로는 그리스도를 배반한 유다였어요. 쇼조는 히코지로를 '악마'라 여기면서도, 마을을 떠나기로 정한 농민들의 집을 매일 찾아다니며 갖은 말로 애써 설득했어요.

"이 마을을 버린다는 것은 결코 나라를 위헌 일이 아니올시다. 마을이 있어야 나라가 있는 거요. 마을이 모여서 일본이란 나라가 존재하는 거란 말이여. 여기 야나카마을이 읎어진다는 것은 나라가 망허는 것이나 매한가지란 말이올시다. 자네들이 가족을 지키고, 조상 대대로 살아온 이 마을에서 논밭 가꾸면서 살아가는 게 뭣보다 귀중헌 일이고, 나라 위허는 일도 되는 것이여. 그렇잖은 감?"

한 마을의 자치가 무너지고 한 마을이 없어진다는 것은 나라가 망하는 것과 같다는 것을 쇼조는 여기 야나카마을에 와서 마음속으로 생각하게 됐어요. 야나카마을을 없애는 것은 곧 망국으로 가는 길이었습니다.

하지만 떠나지 않는다고 역적이라 불리는 사람들의 심정과 얼마 안 되는 적은 돈이지만 손에 쥐고 싶은 빈농들의 마음을 헤아리면 떠나지 말라고만 막을 수는 없었어요. 그래서 쇼조는 떠나는 사람들 일도 거들었지요. 러일전쟁이 끝날 무렵부터 물러갈 사람들이 변변 찮은 살림살이를 마차나 큰 짐수레에 싣고 노인이나 어린이 손을 잡고 마을을 등지게 되었어요. 이웃 마을이나 고가마치, 혹은 후지오 카마치로 이사 가는 겁니다.

쇼조는 마을에서 좀 떨어진 곳에 선 채로 쫓겨 가는 사람들을 바랬지요. 예순다섯을 넘긴 노인의 눈에는 눈물이 고였습니다.

그러고 보면 야나카마을에서 가까운 읍이나 마을로 이사간 사람들을 "야나카 출신"이라고들 불렀어요. 저는 초등학생 때 처음으로 그 말을 들었는데 뜻을 짐작하지 못했거든요. 중학생이 돼 아버지한테서 듣고 그제사 알았어요.

야나카는 무려 450가구가 있어 2,700명이나 되는 사람들이 살던 마을이었는데, 1907년 초에는 떠나지 않겠다며 마을에 남은 사람이 70가구 남짓, 400명밖에 안 됐답니다.

땅 한 평 갖기 운동

도치기 현지사는 1906년 4월, 촌회에서 야나카마을을 없애 이웃인 후지오카마치에 밀어넣는 합병 결의를 가결하고자 합니다. 하지

만 촌회에서는 이 안을 부결시키지요. 그러자 현지사는 촌회 결의를 아예 무시하고 합병안을 멋대로 발표해 버리거든요. 이때는 140가구, 1천 명에 이르는 주민들이 아직 야나카마을에 남아 있었는데도요.

쇼조는 부당한 폐촌 조치에 맞서고자 하는 뜻이 강한 마을 주민 38명을 모아 반대하고 나섰어요. 그리고 남은 농민들의 도움을 받아 야나카마을 땅 7단보(1단보는 300평으로 7단보는 2,100평, 10마지기가 조금 넘는 땅이랍니다.)를 사서 자신도 마을 사람이 되지요. 폐촌을 앞둔 이 마을에서 '시모쓰케의 백성'으로서 살면서 마지막까지 마을을 지켜 낼 각오를 다진 겁니다.

나아가서 쇼조는 도쿄의 조력자이자 사회주의자이며 비전론자인 아베 이소오와 같은 이들에게도 야나카마을 땅을 사 달라고 부탁했어요. 이 마을 땅에 대한 권리를 지닌 사람이 되어 달라고요.

이것은 오늘날 나리타 공항 반대 운동이나 오키나와의 반전 지주들, '대자연의 숲을 지키는 사람들'이 벌이는 '땅 한 평 갖기 운동'의 앞선 모범이 됐어요. 쇼조는 여태 그 예가 없는 전술을 창안해 낸 겁니다.

이렇게 해서 새로운 해를 맞이하지요.

7

사라져 갈 마을에 천국을

새해가 밝았습니다. 1907년 1월, 정부는 야나카마을에 남은 주민들에게 토지수용법을 적용하겠다는 공고를 냈어요. 토지수용법이란 1900년에 제정된 것으로, 국가가 특정한 공익 사업에 대해 그 소유권이나 사용권을 지닌 자에게서 강제로 토지를 수용할 수 있다는 법률이에요. 다시 말해 야나카마을을 부수고 광독 못이 될 유수지를 만드는 것은 공익사업이니까 마을 사람들의 뜻에 상관없이 토지를 몰수한다는 뜻입니다.

이 법률은 내무대신인 하라 게이 소관인데요, 2년 전에 후루카와 광업 부사장을 지낸 사람이지요.

이 법률이 적용되면 남은 농민들은 법을 위반한 범죄자가 됩니다. 또 쇼조가 제안한 '땅 한 평 갖기 운동'을 함께 준비하던 사람들, 그

170

러니까 〈마이니치신문〉 주필이자 기독교적 인도주의자인 시마다 사부로나 잡지 〈일본인〉으로 언론 활동을 벌이던 미야케 세쓰레이 같은 이들은 땅 주인이 될 수 없습니다.

쇼조와 야나카 잔류민(이즈음부터 땅을 팔고 떠나지 않는 마을 사람들을 '잔류민'이라 불렀어요.)들은 전보다 어려운 싸움을 할 수밖에 없게 됐지요. 쇼조는 〈야나카마을 부활을 기대하는 청원서〉를 작성해 잔류민들과 더불어 귀족원과 중의원의 두 의장에게 제출하고, 하라 내무대신에게도 청원서와 의견서를 냈어요.

청원서에서 쇼조는 정부의 조치야말로 법을 거슬러 헌법과 법률을 파괴하는 것이며 토지수용은 국가의 기초인 마을의 자치를 부수는 것이라고 강조했어요. 그래서 "야나카마을을 없애 버려도 나라는 존재한다고 생각하는 것은 틀렸다. 결단코 야나카마을을 되살리고자 해야 한다."고 했어요. 여기서도 쇼조는 토지수용법은 헌법에 반한다고 여겨, 법에는 법으로써 대하면서 야나카마을을 지키고자 했습니다.

아시오 구리 광산 노동자들의 저항

이 무렵 와타라세강 가장 상류에 있는 아시오 구리 광산에서는 '나팔타령'이라는 노래가 많이 불렸어요.

부아가 나잖아 갱부 여러분

일년 내내 일만 해도

추석이나 설 명절에

걸치는 옷은 누더기뿐

발 다리 움직일 때는 혹사하고

병 나고 다쳐도

맛없는 난킨쌀 두 되 다섯 홉

주인장이라니? 건방진 놈

후루카와 씨가 주인장이냐?

아니 아니 저놈은 아니외다

힘없는 우리를 짓밟는

의리도 인정도 모르는 악귀

  떠돌이 갱부(나라 방방곡곡
의 광산을 떠돌아다니며 일하는 갱
부)였던 나가오카 쓰루조가 만든

동남아시아나 중국에서 수입한 쌀을
이렇게 불렀다고 하네요.

노래였지요. 이이는 아시오 구리 광산에 와서 나팔을 불고 노래하면
서 엿을 팔거나, 지나가는 사람들 점을 쳐 주며 이 노래를 유행시켰

거든요.

쓰루조는 도쿄에 상경했다가 기독교를 배우기도 한 사람이에요. 그는 홋카이도 유바리 탄광에 있을 때 미나미 스케마쓰라는 갱부를 만나 함께 일본갱부동맹회를 조직하고 나중에는 일본갱부조합까지 만들었거든요. 그러고는 사회주의 서적이나 환등기 들을 들고 아시오 구리 광산까지 왔고, 유바리 탄광의 스케마쓰를 불러서는 자신은 갱부를 그만두고 엿장수 따위로 일하며 활동한 거예요.

주인장이라며 섬긴 후루카와 이치베가 죽은 뒤로는 아시오 갱부들도 이 노래가 말하는 자본가가 노동자를 착취하는 사람이라는 걸 겨우겨우 알아차립니다. 특히 정부의 광산조사위원을 하다가 후루카와광업으로 들어가 소장이 되고는 "증산", "증산"만을 부르짖으며 갱부들을 혹사시킨 마나미 데이조 소장을 증오하기 시작하던 때였어요.

2월 1일, 갱부들은 임금 인상과 관리들의 부정 반대, 갱부들의 대우 개선 같은 것을 내걸고 청원하기로 결정하고, 도쿄의 광산감독서에 호소하기로 했어요. 그러는 와중에 2월 4일 아침부터 닷새에 걸쳐 폭동이 터져 버립니다.

갱부들은 갱내 감시소를 발 빠르게 습격하고 다이너마이트 폭발을 신호로 일제히 갱 밖으로 나가 행동했어요. 울분을 토해 낸 갱부 1천여 명의 행동에 경찰대도 손쓸 여지가 없어 쓰루조와 스케마쓰

들만 검거한 거예요. 그랬더니 갱부들은 이제 살기마저 띠었거든요. "소장 집을 습격해라!" 하고 저저마다 외치며 미나미 데이조 소장 집으로 몰려갔죠. 그런데 누군가 "미나미 소장은 죽었다."고 외치는 겁니다. 얻어맞고 죽었다는 소리가 돌았단 말이에요. 사실은 의사가 꾀를 써 얼굴에다 온통 머큐로크롬을 발라 피처럼 보이게 하고 붕대로 돌돌 감아 죽은 것처럼 꾸며서 밖으로 나른 거예요.

이 폭동 속에서도 갱부들은 사무소 벽에 걸린 덴노와 후루카와 이치베의 초상화는 아주 소중히 밖으로 날랐대요. 폭도들도 덴노나 이치베는 존경하고 있었던 거죠.

다카사키의 연대가 출동해 폭동은 겨우 진압됐어요.

검거된 이는 460명이나 됐고, 이들은 이틀 뒤에 손을 묶인 채로 도치기 시내를 줄줄 끌려갔어요. 아시오 구리 광산 폭동 소식은 잔류민들과 도쿄에 나가 있던 쇼조나 야나카마을 사람들에게도 전해졌을 테지만 쇼조가 이 폭동에 대해 어떻게 생각했는지는 또렷이 알수가 없어요. 못내 아쉽죠.

오늘날 시점으로 당대의 이런 역사들을 돌이켜 보면 생각이 깊어지네요. 와타라세강 중·하류에서는 20년 가까이 농민들의 광독 반대 투쟁이 벌어져 왔고, 하류의 야나카마을이 구리 광독을 모아 둘 유수지가 될 판이라 마을이 망해 가고, 가장 상류에 있는 아시오 구리 광산에서는 광독을 내는 회사에서 일하는 노동자들이 자신들 처우 개선을 위해 일어나 싸웠다는 거잖아요. 이건 아주 중대한 일이란 말이에요.

역사에서 '만약'이란 말은 좀 어설픈 느낌을 주지만 혹시 아시오 구리 광산의 노동자들과 하류의 광독 피해 농민들이 손을 잡을 수 있었다면 광독 사건의 역사는 달라졌을지도 모르겠어요. 이건 제가 품고 있는 꿈 같은 공상이지만 광독을 내는 가해자 편에서 일하는 갱부들이 광독으로 허덕이는 '피해자' 쪽 농민들 처지를 헤아리고 둘이 힘을 모아 광독 반대에 함께 나섰다면 광독 정지는 실현됐을지도 모르니까요.

하지만 가해자 쪽 기업에서 일하는 회사원이나 노동자들이 피해를 입는 시민이나 농민들과 한데 뭉친다는 건 오늘날에도 풀리지 않는 아주 중요하고 어려운 문제입니다. 이 지구의 환경을 지키자면 젊은 여러분이 곰곰이 함께 생각해 주었으면 합니다.

그건 그렇다 치고 쇼조는 아시오 구리 광산 갱부들에 대해 어떻게 생각했을까요?

당시 갱부들은 고향에서 살 수 없는 차남이나 삼남이 많았어요. 햇빛이 미치지 않는 땅속 깊은 데서 하는 광산 일은 농사보다 힘든 것으로 여겼을 테죠. 하지만 막상 갱부가 됐더니 가난한 농민이 못 먹는 쌀밥을 먹을 수 있어서 아주 기뻤을 거예요. 와타라세강을 낀 마을에서도 가난한 농민들은 아시오 구리 광산 갱부가 되거나 광독 예방공사 인부로 토목 일을 나갔을 겁니다. 그러니까 쇼조는 가해자 쪽에서 일하는 갱부들을 비난하는 말은 한마디도 하지 않았어요. 쇼조가 미워한 것은 경영자인 후루카와 이치베이고 광독을 나 몰라라 하고 그냥 내버려 둔 정부나 현의 관리들이었지요.

그리고 아시오 구리 광산에서 일하는 사람 중에도 광독이 어떻게 흘러 나가고 있는지를 익명으로 잡지에다 투고하는 사람도 있었어요. 요즘 같으면 기업 내부 고발이거든요. 하지만 메이지 40년, 그러니까 1907년 2월에는, 아시오 갱부들은 자신들의 처우 개선을 외치며 들고 일어서는 중에도 하류의 야나카마을이 광독 못이 되어 망해 갈 일에는 생각이 미치지 않았어요.

야나카마을을 강제로 부수다

토지수용법이 적용된 뒤 야나카마을에 남은 사람들은 범죄자라 불렸어요. 그래서 농민들은 마지못해 나서 자란 고향을 등지고 떠날 수밖에 없었지요. 이제 둑 밖에는 70가구쯤, 둑 안에는 16가구만이 남았어요.

아시오 폭동이 난 지 4개월이 지난 6월 초순이에요.

도치기현의 우에마쓰 경찰부장이 야나카마을에 와서 둑 안에 사는 열여섯 집이 떠나지 않는 다면 강제집행(국가 권력이 강제로 집을 부수고 물러가게 하는 것)하겠다고 통고하며 퇴거하라고 말하지요. 쇼조는 "천하의 비렁뱅이가 될지언정 야나카마을을 지킨다."고 답하며 도치기 현지사를 만나 강제집행을 연기하도록 청했어요.

하지만 6월 29일 아침 일찍, 우에마쓰 부장이 이끄는 도치기현 관리들과 경찰대, 그리고 집을 부술 인부 등 200여 명이 야나카마을로 들어옵니다. 그 모습을 고토쿠 슈스이들과 활동한 사회운동가, 아라하타 간손이 쓴《야나카마을 멸망사》를 바탕으로 묘사해 볼게요.

오전 8시, 야나카마을 에게노의 사야마 우메키치 댁부터 부수기 시작했습니다. 인부들은 쇠지레나 큰 메로 집을 부수고, 줄을 걸어 끌어 눕히고자 했습니다. 이때 우메키치는 현의 보안과장에게,

"관리들이 하는 일이란 게 인민의 집을 부수고 토지를 몰수하는 건가!"

하고 외치고 집 안에서 움직이지 않았습니다. 지켜보고 있던 쇼조나 기노시타 나오에 같은 이들이 설득한 끝에 겨우겨우 아내, 아이들과 함께 둑 위에 올라 오래 살아온 다정한 집이 쓰러져 무너지는 것을 눈물로 지켜봤습니다.

쇼조나 잔류를 지원하는 나오에들은 폭력으로 맞서다가는 잔류민 가족들이 다칠 수 있으니 폭력은 삼가고 도리에 어긋나는 이 행위를 이를 악물고 지켜보자고 남은 주민들과 미리 정해 놨습니다.

파괴대는 우메키치 집을 시작으로 오가와 조사부로와 가와시마 이세고로의 집을 잇달아 부순 다음 오후 5시가 되자 후지오카마치

로 넘어갔습니다.

그날 저녁은 큰비가 왔지요. 세 집 열다섯 주민에게는 빗물을 막아 줄 조그만 처마도 없었습니다. 저녁을 먹으려 해도 냄비도 솥도 가져가 버렸으니 온 식구가 비를 맞으며 서로 껴안고 굶주린 배를 달랠 수밖에요.

다음 날인 30일, 파괴대는 우치노의 모로 마쓰우에몬 댁부터 부수기 시작했어요. 모로 댁은 480년이나 된 고래 등같이 큰 옛집이었습니다. 마쓰우에몬은 보안과장의 설득에 눈물을 흘리며 응하겠노라고 했지요. 대대손손 선조들의 위패를 마당에 깐 멍석 위에 나란히 놓고 제 집의 명예로운 역사를 말하면서 아내와 노친, 아이들과 목놓아 울었습니다. 그 비참한 광경은 차마 눈 뜨고 볼 수 없었다지요.

다음에 부순 와타나베 조스케의 집에는 정신병을 앓는 여동생이 있었습니다. 조스케는 땅에 주저앉아 버렸어요. 그러면서,

"이 집은 내 여동생이랑 둘이서 땀 흘리며 일해서 지었어. 여동생은 이 집에서 살다가 죽게 해 주고 싶다……. 토지수용이 뭔데? 집을 빼앗고 게다가 억지로 부순다니 도대체 말이 되나? 부술 거라면 나를 죽여 없애고 해라!"

하고 외치며 통곡했습니다. 이 모습을 보고는 쇼조도 슬프고 또 안타까워 눈물을 흘렸습니다.

이렇게 둑 안에 있던 열여섯 집은 참혹하게 부서졌습니다.

집을 부수기 위해 현청에서는 이웃 마을인 고가마치에서 파괴대로 나설 인부를 모집하려 했거든요. 하지만 고가마치 읍장은 "야나카마을 파괴 인부로 일하지 말라는 말은 않겠지만 모집에 응하는 자는 떠날 돈을 줄 테니 고가마치에서 나가 줘야 한다. 두 번 다시 우리 읍에 들어오는 것을 금한다." 이렇게 말하죠. 덕분에 고가마치에서는 한 사람도 인부로 나간 자가 없었대요. 현청에서는 마지 못해 다른 읍이나 마을에서 인부를 모집했다고 해요. 야나카마을 잔류민들을 안타깝게 여긴 사람들이 이웃에 있었던 겁니다.

집이 강제로 파괴당한 열여섯 가구 잔류민은 이제 엉성하나마 오두막을 짓고 비와 이슬을 견뎌 냈어요. 그랬더니 현에서는 오두막에 머무는 것도 부당하니 이전하라고 통고하고는 끝내 오두막마저 기어이 부쉈지요.

사람과 사람의 법

하지만 열여섯 가구 주민들은 거기에 또 오두막을 짓고 살면서 마을을 버리지 않았어요. 그래서 7월 말, 우쓰노미야 지방재판소 도치기지부에 '토지수용 보상 금액 재결 불복'을 호소했어요. '부당 염가 매수 가격 소송'이라 불리는 것으로, 토지수용법으로 수용된 땅이나 집을 사들이는 금액이 너무 헐하게 매겨져서 받아들일 수 없노라고 재판에 호소한 겁니다. 그런데 이 소송은 야나카마을 사람들을 나라의 권력으로 쫓아내려고 한 토지수용법을 인정한 셈이 되잖아요. 그러니까 야나카마을을 죽도록 지키자고 나선 쇼조나 잔류민들의 뜻에 반하는 것이 돼요.

하지만 법률에 따라 재판으로 싸우자면 이 방법밖에 없었어요. 지지자나 여론의 응원도 있었어요. 이 재판의 판결이 나올 때까지 마을에 남은 사람들이 강제로 쫓겨나는 일은 없는 겁니다. 사실, 이 재판이 진행되는 동안 잔류민들은 야나카마을 부활을 위해 끈질기게 버티고 살았어요.

국가가 강권으로 야나카마을을 망하게 한다면 이 마을에 '천국'을 만들고야 말겠다고 결심한 쇼조였습니다. 하지만 잔류민들이 살던 16가구가 강제집행으로 파괴되는 것은 막아 내지 못했어요. 현장에서 오장육부가 뒤집힐 듯한 분노와 슬픔 속에서 지켜볼 수밖에 없었지요. 쇼조는 그렇다면, 무너지면 다시 오두막을 세워 살며 견뎌 내는 마을 사람들과 함께하면서 무엇을 배웠을까요?

8월 25일, 와타라세강의 광독 대홍수는 야나카마을을 비롯해 도시마·가와베·에비세 마을을 사정없이 휩쓸었어요. 쇼조는 쪽배를 타고 오두막에 사는 잔류민을 한 집 한 집 찾아가 배에 오르도록 설득했어요. 하지만 남은 주민들은 아픈 사람까지도 오두막을 떠나고자 하지 않았어요. 이런 큰물로 물러설 거냐고요. 강제 파괴에도 굴복하지 않았는데 앞으로 그 어떤 일이 있어도 여기서 살아남을 거라고 이구동성으로 말했답니다.

쇼조는 어려움 앞에서도 꺾이지 않는 질긴 농민들의 의지와 땅과 더불어 살려는 그 정신에 감탄을 금치 못했어요.

"이곳 사람들의 마음이야말로 하나님에 가까운 정신이다."라는 것을 깨닫고 자신이 얼마나 모자랐는지 크게 뉘우칩니다. 그러고는 이해(1907년) 10월 일기에 이렇게 썼어요.

인류를 위하려면 우선 그 인류 속에 들어가 그 인류가 돼야 한다. 고기를 잡는 사람을 보라. 먼저 몸소 물속의 고기 떼에 들어가 물고기의 모습을 알고 나서 물고기를 잡는다. 사람을 위해 일한다는 것은 그 사람들 무리 속에 들어가 그 삶을 몸소 배우며 그들과 고생을 함께 나눠야 한다. 그것은 곧 그 자신도 그들 무리의 하나가 돼야 한다는 것이다. 이렇게 하여 무리에 속하는 사람들이 다 동지가 되는 바, 이것이 사람을 얻는 법이니.

사람을 위해 일한다며 잘난 체해서는 안 된다, 진정으로 남에게 도움이 되는 삶을 살기 위해서는 나도 그 사람들 속으로 들어가 그들에게서 배우고, 고달프고 힘든 삶을 함께할 때 비로소 나도 그들과 하나가 될 수 있다, 이렇게 하면 인류는 다 부모와 자식이며 형제

자매가 되는 바 이게 사람과 사람의 법이다, 라는 겁니다.

야나카마을에 들어가기 전 쇼조의 삶은 여태껏 본 대로 국회의원이 되고, 광독 문제를 만나 피해 농민을 구제하기 위해 헌법을 지키고, 국가를 지키는 싸움이었어요. 그 마지막 행동이 정치인을 그만두고 결행한 덴노 직소였죠.

하지만 얻은 게 뭐였을까요?

쇼조는 하품 사건으로 옥살이하며 거기서 성서를 읽고, 사람 마음 속에 있는 악마를 쫓아내야 한다는 걸 깨닫고는 야나카마을에 들어갑니다. 그이는 이렇게 '시모쓰케의 백성' 가운데 한 사람으로 돌아갔지만 처음에는 야나카마을의 보호자나 지도자 같은 처지였지요. 그런데 강제 파괴를 눈앞에서 보고, 부숴도 부숴도 다시 오두막을 지어 이 마을에서 살아남겠다고 싸우는 마을 사람들과 고달프고 힘든 생활을 함께하면서, 학문이나 지식, 법률에서는 배울 수 없었던 진정한 사람의 삶을 배운 거예요.

예순일곱이 된 쇼조에게 야나카마을 잔류민은 글을 못 읽는 어린아이까지도 스승이 됐어요. 쇼조는 그들 무리 속에 들어가 어려움과 고생을 함께 나누며 그들을 스승으로 섬기고 배워야만 그들과 같은 사람이 된다는 것을 알게 됐지요.

사람이란 무엇인지, 참된 삶은 어떠한 것인지, 그리고 자신은 도대체 무엇인지를 스스로 발견한 겁니다. 보호자나 지도자 처지에서 벗어나, 쇼조의 말을 그냥 옮긴다면 "그 무리 속 사람이 돼야만 같은 사람"이 된다는 걸 비로소 깨달았어요.

쇼조가 일기에 쓴 '사람을 얻는 법'이란 사람과 사람이 진심으로 맺어지는 것을 뜻합니다. 그에 비해 사람이 국가를 위해 만든 헌법이나 법률은 어떨까요? 헌법이나 법률만으로는 사람을 살려 내지 못한다는 것을 쇼조는 깨달았어요.

천국에 이르는 지평

이듬해인 1908년 7월, 도치기현은 야나카 둑 안에 하천법을 적용

한다고 고지했어요.

하천법이란 공공의 이익에 중대한 관계가 있다고 인정한 하천의 관리·공사·사용권 따위를 규정한 법률이지요. 그러니까 와타라세강은 야나카마을 자리에 공공 유수지를 만들 강이므로 이 강가 땅에 오두막을 짓고 살아서는 안 된다는 겁니다. 쇼조와 잔류민이 토지수용법의 매수 가격이 부당하게 싸다고 재판을 걸었으니 당장은 쫓아낼 수가 없죠. 그러니 이번에는 하천법이라는 다른 법률을 들고 나와 단속하고 잔류민들을 범법자로 몰아 쫓아내자는 거예요. 이 법률이면 오두막도 둑 안에 있는 논밭도 현의 허가 없이는 쓰지 못하고, 현은 허가를 내어 줄 리 만무하니까 물러설 수밖에 없단 말이에요. 둑 안이라는 건 마을이 아니라 강으로 정해졌으니까요.

잔류민은 위기에 처했어요. 국가는 어디까지나 법률로 공격합니다. 이에 맞서자면 쇼조도 법률로 공방할 수밖에 없거든요. 그런데 쇼조가 갖는 헌법관에는 변화가 생기기 시작해요. 헌법 정신을 존중하는 태도를 지키면서도,

"법률은 협소하니 기술을 요구하고, 천권 인도는 넓어서 정신을 요구한다."

이렇게 말합니다. 관료들의 법률 해석은 인민을 억압하고 있다, 헌법이나 법률은 천권과 인도로 폭넓게 해석하고 운용해야 한다는 것입니다. 여기서 말하는 '인도'란 앞서 얘기한 '사람과 사람의 법'

이겠죠. 그럼 '천권'이란 무엇일까요?

쇼조는 야나카마을 잔류민을 스승으로 섬기며 따라 배우면서, 쳇바퀴 돌 듯하는 법과 법의 싸움은 사람에게 거의 무의미하니, 더 넓은 사람의 도리나 우주의 섭리(천리·천도)와 같은 정신세계를 바탕으로 인류를 보게 된 것이 아닐까 싶어요.

그 사람된 도리나 우주의 섭리만이 황량해진 마을에 천국을 만들 길잡이가 된다는 겁니다.

이맘때부터 쇼조는 정치의 힘을 빌려 야나카마을을 되살리겠다는 뜻은 버렸다고 해도 무방하다 싶어요. 잔류민 무리의 한 사람이 되면서 새로운 지평이 펼쳐진 거죠.

강제 파괴 이듬해인 1908년 10월 기노시타 나오에들에 부친 편지에서 쇼조는 다음과 같이 썼어요.

> 만일 관리와 같은 이들이 야나카 사람들을 미워해서 이들이 논밭 가는 것을 꺼린다면, 야나카 사람들은 전혀 갈지 않아도 된다. 일본 사람이 아니어도 좋다. 미국인이나 중국인이라도 괜찮다. 아무라도 결국 갈면 된다. 땅을 가는 것이 천리, 곧 자연의 이치다. 거둔 농작물이 야나카 사람들 입에 들어가지 않아도 괜찮다. 새가 먹어도 좋다. 멧돼지나 사슴이 와서 먹어도 좋다. 모두 자연의 이치를 따르는 일이다. 극단을 말한다면 도

적이 와서 벼를 베어 훔쳐 가도 괜찮다.

그리고 딱 잘라 말했어요. "다만 자연이 준 먹을거리는 사람이나 동물의 입에 들어가 목숨을 하루 이을 수 있다면 그것이 자연의 이치다."

쇼조는 사람의 보잘것없는 영위나 선악을 넘어 대자연에서 살아 숨쉬는 생명체의 우주적 시점으로 망해 가는 야나카마을과 이 지구를 보게 된 겁니다. 그게 쇼조가 말하는 '천권(하늘이 주신 권리)'과 '천리(자연의 이치)'였어요. 국가 권력에 마을이 부서졌다 한들 쇼조 마음에 비친 야나카마을은 이처럼 '천국'이 아니었을까요?

잔류민이야말로 하나님

쇼조는 어떻게 하여 하나님을 몸 가까이에 느끼게 됐을까요? 1909년 일기나 수첩에 쓴 문장을 통해 쇼조의 마음을 따라가 볼까요.

홀로 성인이 되는 것은 어렵지 않다. 사회를 천국으로 이끌어 갈 가르침이야말로 어렵다. 성인이 여기에 걸려 넘어지지 않기란 드문 일이다.

하나님 모습, 눈이 있는 자는 볼지니

하나님 목소리, 귀가 있는 자는 들을지니

하나님 가르침, 감각이 있는 자는 깨달을지니

이 세 가지를 믿는 자는 알 수 있다. 단, 인생살이는 일생 신비에 이르기까지 연구할 여러 재료를 얻어 내는 것을 목적으로 해야 함.

나무는 하나님이 지으시는 것이지만 가령 나무에 빗대어 말하면 신은 줄기이고, 사람의 도리는 가지나 잎, 가는 뿌리라 할 수 있다. 줄기가 없는 가지나 잎은 시들고, 가지나 잎이며 가는 뿌리가 없는 줄기도 또한 시들어 버린다. 신은 사람에게 귀하고 사람은 신이 있어 살아 나갈 수 있다. 신으로 말미암아 목숨이 이어짐은 줄기로 말미암아 가지나 잎이 번성하는 것과 같다. 생명은 끝이 없다. 신은 사람만이 숭배하고 믿을 수 있을 뿐 아니라 삼라만상(우주에 있는 모든 것들), 온갖 짐승과 벌레와 물고기, 산과 냇물과 강과 바다, 무수한 별들, 음양과 추위 그리고 따스함, 이 세상 모든 것은 신이 지으시는 것으로, 모두가 하나님의 것이다. 그러므로 사람이 다 죽는다 해도 신은 죽지 않음은 물론 다른 것들 또한 죽지 않는다. 사람은 죽어도 하늘땅은 변하지 않으리라.

쇼조는 또한 잔류민 한 사람 한 사람의 삶을 자세히 일기에 쓰고 있어요. 그 가운데 두서너 대목을 옮겨 볼게요.

42년(1909년), 마묘다 센야. 쉰. 아내 다키 서른여덟 살, 장남 열여섯 살, 장녀 열세 살, 차남 열한 살, 모두 다섯 명. 7월 어느 날, 경관이 집으로 쳐들어와 가장 센야를 메어서 내버렸다. 집이 부서진 그날부터 큰비가 계속 이어져 아직껏 못 다 지은 오두막에서 도롱이와 삿갓을 걸치고 산다. 세 끼니를 장만할 곳이 없고, 모닥불은 바람에 날리고 빗물에 꺼진다. 우물은 오염돼서 못 마시고 탁한 강물을 마실 수밖에 없다. 순사는 매일같이 와서 물러가라고 을러댄다. 갈 곳이 없다. 이러지도 저러지도 못해 우선 오두막이라도 지었지만 그것도 다 뺏기고, 이제 오두막을 지을 풀이나 대나무도 없다. 쪽배에다 임시로 지붕을 덮어 살다 보니 너무 습해 병든 모양이다. 이즈음 잔류민 부인들은 다 몸에 탈이 났다. 남자들도 마찬가지다.

…… 실히 천지도 무너졌다. 무정부보다 훨씬 나쁘다. 이 천지는 붕괴돼 버린 천지니라. 이미 사람도 없으니, 무인도인가? 아니, 사람이 없는 섬에는 이처럼 참담한 피해는 없다. 아무래도 천지가 무너져 버렸다고 할 수밖에 없다.

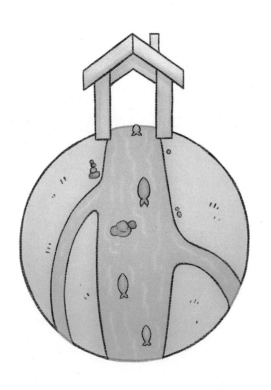

여섯 해를 야나카에서 산다. 그러나 여태껏 얻은 게 아무것도 없는가 보다. 하지만 이것은 크게 틀렸다. 아아, 여기 야나카 사람들은 태고의 사람과 같다. 또 어린아이와 같다.

저번에 나는 여기 마을의 한 집에서, 범상치 않은 가정을 꾸려 가는 사람을 보았다. 그이 이름은 소메미야 요사부로라고 한다. 5년 동안 이 뛰어난 집안이 올바르고, 온화하게, 순종하며 살아가는 모습을 보았다. 소메미야 요사부로는 그러니까 하나님의 사자다. 이분이 야나카에 산다. 혹시 하나님을 보고 싶다면 이분들 가정을 배우시라. 그러면 하나님의 가르침 속으로 들어갈 수 있다. 소메미야 요사부로 씨 집 문은 곧 천국으로 들어가는 문임을 알았다. 고맙소이다. 고맙소이다. 이 진실 하나를 삼가 배웠나이다.

야나카마을에 들어간 지 꼬박 5년이 지나 어느덧 예순아홉이 된 쇼조는 야나카 잔류민들 속에서 하나님을 보고 허술한 오두막 문짝에 '천국 문'이 있다는 것을 깨달았어요.

8

물은 곧 신과 같아서

1910년, 쇼조는 일흔이 됐어요. 나이 일흔을 '고희'라고도 하는데, 중국 당나라 시인 두보가 시에 "인생칠십고래희"라고 썼거든 요. 일흔이 될 때까지 산다는 것

당시 일본인 평균 수명은 44세 정도였 다고 합니다.

은 예로부터 드문 일이라는 뜻이고요, 평균 수명이 현재처럼 오래지 않았던 메이지 시대에는 대단한 노인이 되겠죠.

일흔이 된 쇼조는 하얀 수염에다 백발 섞인 긴 머리털을 뒤통수에서 무작정 끈으로 묶었어요. 왼 눈을 부릅뜬 주름진 노안은 야나카 마을에 들어간 당시에 비하면 확 늙었네요. 하지만 그저 '늙었다'라 기보다 사람의 심오한 내면세계의 깊이가 보여요. 눈빛에서 꺾이지 않는 투지가 내비치면서도 성인 같은 온화함이 안겨 와요. 40대 도

치기현의회 시절과 견주면 딴사람 같을 정도로요.

사람은 살아가는 태도에 따라 이처럼 멋있게 달라지는 법입니다.

부서진 천지에서, 망해 버린 마을 야나카를 천국으로 여기며 살아가는 소조는 생각했어요. 이 마을을 광독 못으로 삼아 망하게 하는 와타라세강 하천개수가 어찌하여 '자연의 이치天理'에 어긋나는가 하는 것을요.

1909년 11월 일기엔 이렇게 써 있지요.

현의회는 야나카마을에 광독 늪을 만드는 일에 대찬성이지만, 현의회가 어떻게 정하든 국회가 어떻게 정하든, 물의 성질은 정직하고 공평하게 흘러가는 것을 주의로 할 테니 현의회가 정한 대로 따르지 않는다.

물은 자연스레 높은 데서 낮은 데로 흘러가기 마련이다. 설사 국회가 정했다 해도, 법률·명분·권위가 있다고 호들갑을 떨어도, 물은 법률이나 명분에 굴복하지 않는다. 물은 인류가 좌지우지할 수 없다. 물은 진정 하나님 같은 것이어서 인류, 참으로 어리석은 인류의 수수께끼 같은 결정에 복종하지 않는다.

그러니 물을 논할 때는 적도 아군도 없는 것이다. 논쟁해서 이겼다 한들 그 승리는 논리상 승리이지 물에 대한 승리가 아니다. 강에 대한 승리가 아니다. 하천은 억지로 정한 법률 규칙에 결코 따르지 않는 법이다.

물은 말한다. 우리는 자유라고.

광업을 정지하지 않고 와타라세강 개수를 한다는 것은 잠깐의 땜질, 한때의 발뺌일 뿐이다.

물은 정직해서 둑이 없는 데로 흘러간다. 그래서 국토를 망가뜨리지만 물이 스스로 그러는 게 아니다. 사람이 망치는 것이다.

이게 일흔을 바라보고 있는, 인생 만년의 쇼조가 가 닿은 철학이었어요.

그리고 이듬해인 1910년 4월 일기.

야나카, 구리 광산과의 싸움이라. 관권이 가담해 구리 광산을 돕는다. 인민은 죽음을 각오하고 마을을 지킨다. 무엇을 지키는가? 헌법을 지키고 자치권을 지키고, 선조를 지키리라. 목숨을 내걸어 지키리라.

이해 8월 태풍으로 말미암은 대홍수는 간토에서는 '유사 이래'라 했고 와타라세강 기슭은 피해가 특히 심했어요. 쇼조는 이 대홍수를 전후해 야나카 둘레를 비롯해서 도네강 유역에 이르기까지 간토 지방의 모든 하천을 조사하기 시작했거든요. 도롱이와 삿갓을 쓰고 각반과 짚신 차림에 전 재산을 넣은 휴대용 주머니와 도시락을 들고 대나무로 만든 지팡이를 짚고 걸어 다닙니다.

쇼조는 이 실사를 자상히 기록하며 다음과 같이 썼어요.

> 국민 스스로가 제 나라를 망친다. 정치뿐 아니다. 산을 파고
> 또 허물어, 이익만 따지며 자연의 면적을 위태롭게 한다. 이것
> 은 세계적 문제다. 일본에 물을 제대로 다스리는 자가 한 사람
> 도 없다. 물 피해는 하늘이 내린 재해가 아니라 사람이 만든 피
> 해다. 물을 가두는 것은 필요 없다. 사람이 만든 해로움을 없애
> 면 회복한다. 이주는 필요 없다.

마을을 부수는 것을 치수라고 떠들지 말라

쇼조는 "물을 가두는 것은 필요 없다."고 했어요. 정부와 도치기현은 야나카마을을 유수지로 만들겠다고 하고요. 그렇다면 와타라세강 개수공사란 구체적으로 어떤 공사였는지 볼까요?

앞서 적은 대로 와타라세강은 예로부터 후지오카 서쪽을 거쳐 '일곱 굽이'라는 별칭처럼 야나카마을 서남쪽을 꾸불꾸불 흘러가다가 건너편 에비세마을(군마현)과 맞닿은 현경까지 흘러요. 후지오카마치의 높고 평평한 땅을 파내서 물길이 야나카마을 북쪽에 있는 아카

마늪으로 흐르게 하고, 야나카마을을 그 물을 저장하는 못으로 삼아 본류로 흐르게 하자는 겁니다. 즉 강물이 흐르는 물길을 바꾸고 자유로이 정직하게 낮은 데로 제대로 흘러가는 물을 억지로 높은 데로 몰아 야나카마을을 광대한 유수지로 만들자는 겁니다.

이렇게 물길을 바꾸고 야나카마을을 유수지로 만들면, 다른 마을들에 홍수가 사라지고 광독 피해는 막을 수 있다는 겁니다.

쇼조는 이걸 치수라고는 조금도 생각하지 않았어요. 1910년 3월 일기에 이렇게 쓰지요.

와타라세강을 후지오카마치 북쪽에서 잘라 버리고 우리들 머리 위에다 광독을 흩뿌리려 한다. 사람의 도리를 저버림이 심각하다. 한쪽은 좋고 한쪽은 나쁘게, 치수를 전쟁처럼 한다. 치수에는 계급이 없고 사욕도 없고 사랑과 증오도 없다. 그런데 이 개수는 아시카가, 아소, 옛 야나다, 오우라 같은 여러 군에는 유익할 수 있어도 시모쓰가, 기타사이타마, 사시마(이바라키현)와 같은 군에서는 유속이 빨라진다. 이걸 가지고 치수라고 떠드는데 여러 마을을 부수는 것은 마을을 죽이는 일일 뿐 치수의 의의는 조금도 없다.

야나카마을을 유수지로 삼아 쇼조의 선거구였던 상류의 아시가

카·아소·야나다 군이나, 마찬가지로 광독 피해가 심했던 건너편의 군마현 오우라군은 살려 낼 수 있을지 모르지만 물 흐름이 빨라질 하류의 마을들은 걱정거리가 새로 생겨요. 상류의 농민과 하류의 농민을 다투게 하는 것은 치수를 두고 농민끼리 맞서도록 마치 전쟁처럼 만든다는 거죠. 물은 하나님 같은 존재인데 인간의 사리사욕과 증오를 얽어 이로 인해 벌어질 다툼을 이용해 일을 이루고자 하는 겁니다. 이것은 치수라는 이름으로 마을을 부수고 사람을 죽이는 것으로, "이것을 국가의 공익이라 한다면 국민을 죽이는 일을 공익이라고 하겠는가?" 하고 날카롭게 물어요.

사실, 야나카마을이 폐촌이 되고 주민들의 집이 강제 파괴되면서 잔류민만 남은 뒤부터는 여태껏 일치단결해 함께 광독 반대 운동을 하던 중류, 상류나 건너편 마을들 반응이 달라졌단 말입니다. 야나카 잔류민에게 쌀쌀해졌거든요.

8월 일기에 쇼조는 괴로운 듯 이렇게 쓰지요.

야나카마을을 부수고 사욕을 채우는 구리 광산 당원(아시오 구리 광산을 펀드는 관리들을 두고 말함)들은 광독 피해 주민들 사이를 이간하려고 거짓을 입에 달고 돌아다녔다. 야나카는 문젯거리다, 이걸 부수는 것은 국가 경제를 위함이다, 라고 했다. 이렇게 말하니 상류의 광독 피해 주민들은 야나카를 부수

고 광독을 모아 둘 못을 만든다는 속내를 깨닫지 못하고, 야나
카를 부수면 상류의 홍수는 막을 수 있다는 거짓된 말에 속아
넘어갔다. 야나카가 파괴되는 것을 아파할 사람도 줄고, 요 몇
년은 이 참상을 위로할 사람도 줄었다.

광독 피해 주민들인데도 광독 마을을 부수는 것을 기뻐한다.
이는 모두 다 구리 광산 당원들에게 속아 넘어간 결과이다.

구리 광산 당원들에게 속아 넘어가는 농민을 쇼조는 비난하는 것
이 아니라 그 사람들의 마음을 슬퍼한 겁니다.

쇼조의 치수론과 문명론

와타라세강과 도네강 유역을 실사한 쇼조의 연구는 도쿠가와 이
에야스의 에도시대까지 거슬러 올라갔지요.

이에야스가 에도에 막부를 열 때까지 도네강은 와타라세강을 만
나 남쪽으로 흘러 에도만으로 들어갔어요. 그 때문에 하구에 있던
에도는 종종 큰물에 휩쓸렸고요. 그래서 이에야스는 간토다이칸 우
두머리인 이나 다다쓰구에게 도
네강 물길을 바꿔 조시에서 태평양
으로 흐르게 하는 대공사를 명하지
요. 그렇게 하면 도호쿠에서 쳐들

다이묘의 땅이나 막부 직할 토지의 민
정을 다스리던 지방 관리를 '다이칸'이
라고 했대요.

조시는 지바현 동북쪽 변두리에 있는
수산 도시입니다.

어오는 적의 대군을 도네강에서 막을 수도 있으니까요. 말하자면 군사를 제일로 여긴 하천공사였어요.

도네강 물은 예전에는 쇼조가 짚은 대로 정직하게 낮은 데로, 남쪽에 자리 잡은 에도만으로 흘러가고 있었거든요. 이걸 군사 목적이나 홍수 때 에도를 지키겠다는 사사로운 이익을 위해, 그리고 강으로 물자를 조시에서부터 에도로 나르는 수로를 개발한답시고 억지로 동쪽으로 구부러져 흐르게 만든 겁니다. 이게 현재의 도네강입니다. 이 때문에 도네강과 만나는 와타라세강은 도네강 물이 불어나면 거기로 흘러가지 못해서 역류하고 와타라세강 하류에 물이 넘쳐 홍수가 나는 거예요.

쇼조는 정부에다가 에도시대 초기로 거슬러올라가 도네강·와타라세강 하천 대이동의 잘못을 지적했어요. 그리고 메이지 정부는 그동안 지바현 세키야도마치의 통문이나 도호쿠선의 구리하시철교 건설과 같은 토목공사를 벌여 왔는데요. 와타라세강으로 도네강이 역류하는 문제는 이러한 것에도 원인이 있다며 정부가 벌인 치수 사업의 잘못을 날카롭게 따져 물었습니다.

> 통문은 둑에 터널 같은 물길을 뚫어서 만든 규모가 작은 물문을 이른답니다.

> 사이타마현 북동쪽 변두리, 구리하시마치를 흐르는 도네강에 놓인 철교예요.

새로운 메이지 정부는 외국인을 고용해 네덜란드의 공법으로 치수공사를 완성합니다. 둑을 높게 하지 않고 배편이 수월하게 오가는 것을 중시한 공법인데 일본의 전통적인 치수와 비슷했거든요. 하지만 메이지 20년대가 되니까 도카이도선이나 도호쿠선 같은 철길이 개통돼서 배편이 덜 쓰이게 됐죠. 그래서 홍수 방어를 주된 목적으로 삼고 높은 둑을 쌓는 공법으로 변화시켰어요.

바꿔 말하면 내리는 비를 높은 둑으로 막힌 강에 모으고 바다로 신속히 흘러가게 하는 치수 기술이에요. 그 뒤로 발전을 위한 댐이 만들어지게 됐지만 물을 재빨리 바다로 흘려 버린다는 생각은 오늘까지 이어집니다. 그러니까 둑은 점점 높아져 강은 보이지 않게 되었고, 조그만큼 큰비가 내려도 막아 내지 못하고 강물이 넘쳐나 특히 큰 도시에서는 물 피해가 컸죠. 쇼조는 이 치수의 잘못을 똑똑히 꿰뚫어 보고 있었어요. 그러다 문명에 대해 이렇게 생각했어요.

자연을 해치기에 이르러 그 해로움이 심할수록 지금은 문명이 잘돼 있는 줄 아는 경향이 많다. 그러나 이 이익이라는 것은 천연 자연에서 받는 것이 아니라 실로 사람이 만들어 낸 이익인 것이다. 이런 이익은 문명이라고 할 수 없다. 하늘이 베풀어 주시는 이익 말고 사람이 주는 이익에는 반드시 해로움이 있기 마련이다.

물은 기찻길처럼 억지로 산을 뚫고 강을 옮겨서 거기로 흘러

가라고 명하는 대로 순순히 흐르는 걸 좋아하지 않는다. 강과
길은 아예 다르다.

여기서도 쇼조는 "하늘땅의 위대함은 법률의 제재를 받지 아니한
다. 물은 곧 하나님과 같다."고 말하고 "회개하라. 죄를 물에다 덮어
씌우는 세상은 홍수가 더욱더 불어난다."고 경고하고 있어요.

그리고 1912년 6월 일기에다가는 이렇게 쓰지요.

참된 문명은

산을 황폐하게 하지 않고

강을 더럽히지 않고

마을을 부수지 않고

사람을 죽이지 아니한다.

메이지의 문명개화로 시작한 일본의 근대화는 오늘에 이르며 고
속열차나 고속도로 발달과 같은 편리한 문명을 낳았지만 이 문명은
숲을 없애고 공기를 오염시키며 지구적인 규모로 환경을 파괴하고
있지요. 쇼조는 사람이 만든 문명이 더더욱 발전할 21세기까지를 꿰
뚫어 봤다고 할 수 있겠네요.

"회개하라."고 호소하고 "죄를 물에다 덮어씌우는 세상은 홍수가

더욱더 불어난다.”고 한 말은 홍수만을 두고 이르는 게 아닙니다. 자연을 파괴하는 세상은 문명의 해로움이 홍수마냥 더더욱 불어난다고 오늘을 사는 우리들에게 경고한 것입니다.

오늘날 우리는 새로운 문명을 만들어 내고 누리면서, 지구 환경도 지킨다고 말합니다만, 천만에요. 오늘에야말로 쇼조의 문명론·자연관을 우리들 자신의 문제로 깊이 생각해야 하지 않을까요?

옛 야나카 주민들을 홋카이도로 이주시키다

1911년이 되자 정부는 야나카 잔류민과 야나카에서 내쫓겨 이웃 읍이나 마을로 이사간 옛 야나카 사람들에게 군의 관리나 경찰을 보내 홋카이도로 이주하라고 권고했어요. ‘권고’라는 말은 아주 온화한 느낌이 나잖아요? 그러나 실상은 거의가 엄포였죠. 쇼조 일기에는 이렇게 써 있어요.

4월 4일, 야나카의 시마다 에이조(시모쓰케에 사는 잔류민으로 장로로서 신망이 높았던 이지요.) 씨가 그물을 쳐 고기를 잡고 있었다. 거기에 이웃 마을의 순사 둘이 와 그이를 잡아갔다. 사위인 헤이키치가 경찰서에 출두하자 서장인 마에다가 말하기를; “왜 홋카이도로 안 가는 것인가? 야나카는 회복되지 않는다. 후지오카의 높고 평평한 땅을 깎아 납작하게 만들고 거기에 물을 흐르게 하면 그 땅은 다 못쓰게 되고 끝난다. 홋카이도로 이사를 안 가겠다는 건 어리석은 노릇이다. 홋카이도로 이주할 돈은 모든 집이 다 함께 간다면 80엔을 줄 거고, 그렇지 않으면 한 푼도 줄 수 없다. 안 가겠다면 시말서를 써라."

홋카이도로 이주하라는 얘기는 지난해 가을에 물마가 진 직후부터 나오고 있었어요. 이웃 마을에 와타나베 쓰네쓰기라는 〈벤시타임즈〉 기자가 상주하고 있었는데, 이자가 이전을 열심히 권하며 돌아다녔거든요. "옛 야나카마을 사람들이 정부가 권고하는 홋카이도 이전을 거부하면 유수지 사업은 중지되고 다들 곤란해질 테니 각오해야 한다."고 으름장을 놓으며 다녔어요. 정부의 앞잡이 노릇하는 작은 악마가 우리와 같은 얼굴을 하고는 돌아다니고 있었다는 겁니다.

우치노의 한 집이 마지못해 고가마치로 이사를 갔지만 오두막에서 사는 야나카 잔류민 가운데 홋카이도 이전에 응하는 사람은 없었어요. 그런데 이웃 읍이나 마을로 이주했던 옛 야나카 사람들과 이들 가까이에 살던 사람들이 새로운 세상을 꿈꾸며 홋카이도 이전을 결심했거든요. 그 수는 237명이나 됐어요. 듣자니 홋카이도 기름진 평야 지대의 광대한 땅을 받을 수 있다고 하니까요.

4월 7일, 남녀노소 237명은 가슴판에 '도치기현 이주민'이라고 쓴 하얀 천을 누인 일본 전통 옷을 입고, 얼마 안 되는 짐을 들고 오야마역에서 임시열차를 타고 출발했어요. 시모쓰가군 요시야 군수와 이웃 경찰 분서장들은 불온한 움직임을 경계해 시라카와역까지 함께 기차를 타고 가며 바랬고, 우쓰노미야역에서는 지사대리, 경찰서장, 시장까지 나와 격려의 인사를 전하면서 그야말로 성대히 바랬지요.

쇼조는 야나카에 머물며 터질 듯한 가슴을 꾹 누르고 이들을 보낼 수밖에 없었어요.

이주지는 홋카이도 북쪽 끝, 오호츠크해와 가까운 북사로마의 벌판입니다. 일행은 오야마역에서 엿새나 걸려 홋카이도 리쿠베쓰역에 도착했지요. 리쿠베쓰는 새로 개통한 아바시리선의 종착역이었어요. 거기서 화물차로 노쓰케시(오늘날 기타미시랍니다.)까지 가 민가에서 묵었습니다. 이튿날은 마차로 돈덴헤이마을로 간 다음, 그 이튿날 루베시베 고개를 넘어 겨우겨우 사로마에 도착했거든요.

저는 지난해에 이곳을 찾아 노인들한테서 그 무렵 얘기를 들은 적이 있는데, 한 노파가 이렇게 말했다니까요.

"솔잎하고 널판으로 겨우 지은 오두막에서 몇 식구가 같이 살았는데, 눈이 온 날 밤은 이불 위에 눈이 30센티나 쌓였다오. 그러니까 잘 때도 얼굴을 천으로 가려야 했지. 다 얼었어. 얼었다니까요. 얼마나 추웠는지 몰라요. 먹을거리는 없고, 곰도 나오고……. 노래라도 안 부르면 곰한테 잡아먹힌다 해서, 먹을거리를 구하러 루베시베까지 가는데 난 노래를 못 하니까 깡통을 땡땡땡 두들기면서 24킬로미터나 되는 거리를 걸어갔다니까."

사로마의 마을도 12킬로미터나 떨어진 산속에 있었대요. 이주 전에 들은 얘기로는 북쪽으로는 산을 등지고, 남쪽으로는 볕이 잘 드는 기름진 평야가 펼쳐져 있다고 했거든요. 그런데 막상 도착해 보니 산이 있기는 한데 남쪽에 있어 볕이 잘 들지 않는 형편없는 땅이었다나요.

이런 땅을 시찰도 않고 좋은 땅이라 속여서, 홋카이도 개척은 나라를 위한 일이라고 입에 거품을 물고 권유한 거죠, 요시야 군수가요.

그런데 이 요시야 군수는 저 유명한 작가인 요시야 노부코의 아버지예요. 이 양반은 자기 아버지가 '혹리(혹독하고 무자비한 관리)'였을 거라고 회상하지요. 이밖에 또 광독 사건 당시 가해자 쪽에 섰던 일본 작가의 집안으로는 시가 나오야와 후나바시 세이이치의 가계가 있어요. 나오야의 할아버지는 후루카와 이치베와 함께 초기 아시오 구리 광산을 공동으로 경영했고, 시가 집안은 후루카와 집안과 무척 가까웠지요. 광독 사건 때 모리오카중학교 학생이던 이시카와 다쿠보쿠는 직소 보도를 접하고는 "저녁 강에 갈대는 시들고 피맺혀 괴로워할 농민의 외침 어이하여 슬프냐."고 시를 지어 읊었고 나중에 거리 모금에도 함께 나섰거든요. 하지만 나오야는 광독 피해 지역을 둘러보려다가 아버지가 반대하는 바람에 뜻을 이루지 못했어요. 이 부자간의 불화를 주제로 삼아 오쓰 준키치가 《화해》와 같은 작품을 쓰기도 했지요. 또 후나바시 세이이치의 외할아버지는 후루카와합명회사 이사장으로 일한 곤도 무쓰사부로였답니다.

아득히 떨어진 외딴 사로마에 이주한 사람들은 들은 얘기와 달리 혹심한 현실 탓에 얼마 안 있어 야나카 근처로 도로 돌아온 사람들도 있었습니다. 또 60년이 지나 염원이 이루어져서 '귀향'한 사람들도 있고요. 오늘날 거기에 남은 사람들은 사로마의 도치기 마을에서 2대, 3대째 큰 규모로 농업이나 낙농을 하며 지냅니다. 혹시 여러분이 홋카이도 여행을 가게 된다면 이들을 찾아가 이야기를 들어 보세요.

천국에 이르는 길을 닦는 일

옛 야나카 사람들이 속아서 홋카이도로 간 1911년 8월부터 쇼조는 "천국에 이르는 길"이란 말을 쓰게 됐어요.

가와마타 사건 때 청년결사대 대장을 맡은 사카이마을의 노구치 순조에게 9월 1일에 보낸 편지에서 "쇼조는 천국에 이르는 길을 닦는 중이어서 워낙 바쁩니다." 하고 썼어요. 게다가 쓴 사람 이름을 "일본 도쿄에서 세계의 원주민" 이렇게 적었거든요. 국가 권력이 파괴해 버린 야나카마을에 천국을 만들고자 한 일흔한 살의 쇼조는 이제 자신을 '시모쓰케의 백성'이 아니라, 국경을 넘어 이 지구인의 한 사람으로 여기게 됐단 말이죠. '길을 닦는 일'이란 길을 내는 일을 뜻하는데, 그리스도의 가르침을 뼈와 살로 삼은 쇼조는 천국에 이르는 사람의 마음과 삶의 길을 준비하는 일을 이렇게 나타낸 겁니다.

이틀 전에 광독 이재민들에게 보낸 편지에는 또 이렇게 썼어요. "오늘 아침에 노구치 군에게도 말했지만 쇼조의 야심은 천국에 오르는 연습이라 무척 바쁩니다."라고요.

그리고 8월 28일에 야나카마을 시마다 소조 청년에게 편지를 보내면서는 이렇게 썼거든요.

하루빨리 하늘에 오르는 여행을 실천할 수 있도록 준비해 주시기 바라나이다. 천국은 사실의 뿌리이므로 제 글이나 말에 다 담지 못하고, 또 누구든 말로 나타내기가 어렵습니다.

쇼조는 스물두 살 난 시마다 청년을 특별히 아꼈지요. 제자로서 큰 기대를 품고 있었어요. 7월에는 시마다 청년과 마을 젊은이들이 볼 수 있도록 자신이 겪으며 길어 올린 발견을 상냥하고 서분서분하게 편지로 써 보냅니다.

무슨 일이든 가르치려 하면 다들 싫어해서 안 듣는 법이에요. 이제부턴 가르치려 하지 말고 먼저 배운다는 태도로 임해

야 합니다. 쇼조도 막 야나카마을에 들어간 뒤로 가르치려고
만 하다가 실패했습니다. 그때 야나카 인민의 이야기를 듣고자
힘썼더라면 좋았을 텐데, 듣기는 뒷전으로 미루고 가르치기에
만 절박했어요. 오로지 가르쳐 주려고 가르쳐 주려고만 골똘했
습니다. 조급히 굴면 굴수록 반발은 커져, 쇼조의 말은 듣는 사
람도 없고 그만 헛수고가 돼 버렸어요. 3년, 아니 너댓 해가 돼
서야 야나카마을 사정도 알게 됐고, 8년이 지나 겨우 '듣는다'
와 '들려준다'의 그 차이점을 발명했을 뿐이에요. 쇼조가 지금
자신의 실패담을 여러분에게 전하니 참고로 삼아 주기 바라요.
여러분에게 잘 전해서, '들려준다'를 '듣는다'로 고쳐 주세요.
쇼조가 여러분께 당부하는 바입니다.

이전에 쇼조는 도쿄에 있는 청년들에게 대학에서 배우는 것보다
"실학(실사회에서 하는 공부)을 하라."고 강연했거든요. 하지만 메
이지 44년, 그러니까 1911년쯤에는 젊은 사람들에게 자신의 생각을
말하고 일기에도 이렇게 썼어요.

나는 학생 여러분에게 이렇게 말했다. 자신이 만든 천국은
안 됩니다. 천국은 만드는 게 아니라 만들지 않아도 있는 겁니
다. 문제는 거기에 이르는 길입니다. …… 하나님이 만든 천국

은 위대합니다. 위대해도 그 길을 알지 못하면 가 닿지 못합니다.

일흔한 살이 된 쇼조는 그 천국에 이르는 길을 닦는 겁니다. 청년들에게도 그걸 실천하도록 권하고 있는 거죠.

그럼 쇼조에게 '천국'이란 어떤 것이었을까요? 이듬해인 1912년 2월 일기에 이렇게 썼어요.

천국은 어디에 있는고? 천국은 여기, 이 세상에 있다. 이 세상밖에 따로이 천국은 없다. 만약 좋아서 지옥에 떨어진다면 그것은 어쩔 수 없다. 떨어지지 않은 자는 전부 천국에 있는 것이다. 전부라고 하면 많은 사람을 가리키는 것인가? 아니다. 몇 안 되는 사람을 묶은 전부다. 진실로 천국에 이르는 사람들 전부다. 진실로 극히 적은 숫자를 모은 전부다.

지옥이란 기독교나 불교가 말하는 지옥인데요, 여기 광독 피해 지역이 바로 그 지옥이란 말입니다. 그 가운데서도 악마들의 손아귀에 파괴된 야나카마을이 그렇습니다. 하지만 그 지옥에서도 특히 잔류민은 천국에 살고 있는 극소수의 사람들이었습니다.

쇼조는 성서 '창세기'에 나오는 '노아의 방주 전설'을 떠올렸겠죠.

타락한 인류에게 노하신 하나님이 대홍수를 일으키셨고, 노아와 그 가족은 방주를 타고 심판을 면했고, 정처 없이 떠돌다가 아라라트산에 다달아, 그로 인해 인류는 멸망하지 않았다는 전설.

그런 의미에서 광독 대홍수는 신이 일으킨 홍수라고도 생각할 수 있습니다. 이 홍수를 이기고 훌륭하게 살아남아 지옥과 같은 땅에 천국을 만든 것은 "진실로 극히 적은 숫자"였던 야나카 잔류민이었고요.

들려주는 것과 가르치는 것이 틀렸다는 것을 깨닫고 야나카 인민들로부터 배운 쇼조는, 그래서 잔류민들을 하나님이라고 여기고, 이 땅 위의 험난한 현실에 '천국'이 있다고 확신한 겁니다.

드넓은 헌법을 마련해야 한다

메이지 45년(1912년) 7월 30일, 메이지 덴노가 죽고 연호가 다이쇼로 바뀌었습니다. 그 이듬해인 1913년, 쇼조는 일흔세 살이 됐어요.

야나카마을의 '부당 염가 매수 가격 소송' 재판은 도쿄 공소원으로 넘어가 아직도 이어지고 있었어요. 쇼조는 2월 말 그 공판에 참석했다가, 3월, 야나카마을로 돌아가는 길에 과로로 쓰러져 몸져눕게 되지요. 늙은 몸과 마음은 지칠 대로 지쳐 있었습니다.

하지만 열흘쯤 병상에 누웠다가 쇼조는 야나카로 돌아가 '천국에

212

이르는 길'을 닦기 위해 이웃 동네들에서 강연을 하거나 야나카 청년들과 와타라세강 지류의 수원지를 둘러보거나 하며 마지막 힘을 다해 기운차게 활동하지요.

그러던 쇼조는 자연이 파괴되고 마을 자치를 지키지 못한 커다란 잘못을 뿌리째 고치려면 헌법과 법률, 교육, 이 모든 것을 전폐할 필요성까지 생각하게 돼요. 메이지 헌법을 지키기 위해 목숨을 걸고 싸운 쇼조가 말입니다.

그렇다면 쇼조는 헌법이나 교육에 대해 어떻게 생각했을까요? 쇼조는 당시의 교육 역시 사람을 죽이고 있다고 생각했어요. 그래서 이렇게 말하지요.

> 헌법, 법률, 교육의 모든 것을 전폐하고, 나아가서 천신을 뿌리로 하는 방법, 이른바 〈넓은 헌법〉을 마련해야 한다. 참으로 천칙(하늘의 법칙)을 따르면 헌법도 하늘이 바라는 대로 정해질 것이다. 진리를 중심으로 하는 헌법인지라. …… 이것을 깨닫지 못하면 인생은 지극히 막막해지리.

이것은 아주 어렵고 고매한 생각인 것 같지만 결코 그렇지 않아요. 사소한 오류가 많은 인간이 인간을 규정해 버리는 법이나 교육으로는 이 대자연과 어울려 사람답게 살아갈 수 없다고 말하면 좋겠네요. 쇼조는 신에게 다가가는 마음으로 "하늘에 어긋나지 않는 헌법", 그 진리를 중심으로 하는 "드넓은 헌법"이야말로 이 지옥 같은 땅 위에 천국을 만드는 길잡이가 될 수 있다는 생각에 다다랐어요.

그 길을 걸으면서 쇼조는 이런 시를 읊습니다.

> 큰비를 맞고 맞으며 커다란 짐을 끌고 가는
> 소의 걸음은 발자국도 없이

이 시는 15년 전 세 번째 밀어내기에 나설 때 읊은 것을 나중에 여러 차례 퇴고를 거급해 1913년 3월에 완성한 겁니다. 쇼조는 소띠였고, 소띠 해가 되는 이해에 숨지는데요, 큰비를 맞고 맞으며 커다란 짐을 끌고 가는 소의 모습은 쇼조의 생애를 보는 것 같지 않나요?

그러한 쇼조의 늙은 몸에는 벌써 병마가 스며들어 있었어요. 다가오는 무더운 여름은 한층 몸을 쇠약하게 했지요.

이 무렵에는 제자인 시마다 소조나 잔류민들, 그리고 다른 마을에 사는 뜻있는 광독 피해 농민들 말고는 이제 쇼조를 멀리했어요. 안타깝지만 쇼조의 깊은 속내를 진정으로 헤아리는 사람은 적었지요. 30만이나 되는 사람들이 그토록 험난한 광독 반대 운동을 함께했는데 말입니다. 게다가 쇼조는 꾸어 쓴 빚이 많아 완전히 가난뱅이가 돼 버렸습니다.

장마가 그친 7월 중순은 찌는 무더위였어요. 쇼조는 자금을 모으는 일도 있고 해서 사노와 아시카가 쪽 후원자들을 집집이 찾아다녔지요. 8월 1일, 사노마치의 쓰쿠이 히코시치를 찾아갔어요. 목숨이 얼마 남지 않았다는 것을 깨닫고 절친한 벗인 히코시치에게 심상히 이별을 고하고 싶은 마음도 있었을 테지만, 오래된 빚을 어떻게 갚을 건가 하는 방법을 의논하기도 했습니다. 이 쓰쿠이 댁에서 묵으며 썼다고 생각되는 8월 1일 일기가 마지막이 됐어요. 〈다나카 쇼조 전집〉에 수록돼 있는 글을 그대로 옮길게요.

악마를 물리칠 힘이 없는 자의 행위도 반은 악마라 할 수 있다. 이미 그 몸에는 악마의 행위가 있었으니 악마를 물리치기는 어렵나이다. 그러니 참회하고 세례를 받겠나이다.

참회 세례는 지금까지 저지른 악행을 깨끗이 씻는 것이니라.

쇼조는 광독을 끝내 뿌리뽑지 못한 자신의 모자람을 자신도 절반은 악마여서 그렇다고 스스로 뉘우치고 자신이야말로 신 앞에서 참회 세례가 필요하다고 생각한 거예요.

그리고 이 문장 뒤에는,

"어찌하여 나를"

하고 여섯 글자가 쓰여 있었습니다. 예수 그리스도가 십자가 위에서 숨지기 전에 부르짖은 말씀 "나의 하나님, 나의 하나님, 어찌하여 나를 버리셨나이까?"를 쓰고자 한 것이겠죠.

8월 2일, 쇼조는 야나카로 돌아가던 중에 광독 사무소가 있던 시모사가와다에 있는 운류지에 들른 뒤 가까이 사는 니와다 쓰네키치를 찾았어요. 공교롭게도 쓰네키치는 집에 없었지요. 그래서 아들인 쇼지 소년이 이웃인 니와다 세이시로 댁으로 안내했는데 쇼조는 거기서 쓰러졌어요.

쇼조는 여기 니와다 씨 집에서 한 달 남짓 병상에 누웠어요. "야나카에 돌아가야 한다. 여기서 결코 죽을 수 없다. 내 몸은 그저 어찌 되든 상관없지만 이 일은 하늘의 일이다. 야나카 사람들더러 들것을 들고 마중 나오라고 전해라."고 했지만 병마는 쇼조의 몸을 이제 못 쓰게 만들고 말았습니다.

니와다 집안 사람들과 달려온 농민들의 지긋한 간호에도 병세는 22일 저녁부터 나빠졌지요. 쇼조는 큰 소리로,

"오늘을 구해 주옵소서. 오늘을 구해 주옵소서. 있는 그대로를 구해 주옵소서!"

하고 신에게 외치고 의식을 잃고 말았지만 피해자 총대 격인 이와사키 사주가 인공호흡을 하자 의식을 되돌렸어요. 현실 세계의 이 험악한 현실을 쇼조는 그냥 그대로 크나큰 손길로 건져서 살려 주시

라고 신에게 구원을 빌며 계속 싸우고 있었어요.

위독하다는 소식을 듣고 야나카의 잔류민이나 와타라세강 연안의 광독 피해 농민들이 많이 모였습니다. 기노시타 나오에도 도쿄에서 달려왔어요.

마지막 날이 된 9월 4일 아침, 쇼조는 곁에서 지켜보던 나오에게 말했어요.

"내 병은 문제가 아니야. 허나 아무래도 일본을 망치는 것은 너무나도 참혹한 것이어서, 나라가 네 개, 다섯 개 있다 해도 족하지 않구나."

눈썹에 깊은 주름을 새기고 온 몸을 떨며 길고 긴 한숨을 토해 냈지요.

낮에는 이와사키 사주를 머리맡에 불러 호통치듯 말했어요.

"자네들, 많이 와 있는 것 같은데 달갑지도, 대단치도 않다. 공감이라는 것에도 두 갈래가 있어. 이 다나카 쇼조에 대한 공감하고 쇼조가 품고 다니는 문제에 대한 공감을 달리 생각해야 한다. 자네들의 공감은 쇼조에 대한 것이지 쇼조의 문제에 대한 건 아닐세. 이 문제로 말하자면 여기도 적지다. 문제에 대한 공감으로 와 있는 것은 시마다 소조 씨 하나야. 야나카 문제도 그렇다. 문젯거리가 뭔가 하는 것을 야나카 사람들도 깨닫지 못하고 있어. 가서 모두에게 그리 전해라!"

"여기도 적지다."라니 얼마나 격렬한 말인지요. 게다가 야나카 잔류민들도 깨닫지 못하고 있다는 쇼조의 마음은 지독하고 깊은 외로움에 그치는 것이 아니었단 말이에요. 비록 몸은 스러지더라도 하늘의 일을 끝까지 이루고야 말리라는 장렬한 정신이 담겨 있어요.

이게 죽음을 눈앞에 둔 쇼조가 남긴 말입니다.

20년 동안이나 쇼조와 함께 광독 반대 운동을 위해 싸워 온 와타라세강 농민 30만 가운데서 쇼조 개인에 대한 공감은 있어도 만년에 쇼조가 이룩하고자 한 사업을 마음 깊은 곳에서부터 이해하던 사람은 적었어요.

정오가 지난 12시 45분쯤, 쇼조는 "일어난다." 하고 몸을 일으켜 이부자리 위에 가부좌를 틀고 앉았어요. 곁에 있던 나오에가 받치려 하자 "놔둬!" 하고 손사레를 치더니 두 손을 무릎에 얹고는 숨을 크게 몰아쉬었지요. 가쓰 부인이 부채를 부쳐 주며 쇼조의 부릅뜬 눈을 지켜봤어요. 쇼조는 열 번쯤 깊이 숨을 몰아쉬더니 마지막에 쉬— 하고 숨을 토해 내고는 숨졌어요.

몸소 마지막에 "일어난다."고 일러 나오에가 받치려는 것도 마다하고 스스로 몸을 일으킨 채 만 일흔두 살 10개월의 생애를 마무리합니다. 몸은 져도 정신은 계속 살아나 일본뿐만 아니라 온 지구촌을 아름답게 지켜 내는 모습으로.

머리맡에 남겨진 유품은 늘 들고 다니던 허름한 주머니에 든 일기

장 세 권과 두터운 〈와타라세강 조사 보고서〉 초고, 〈신약성서〉 한 권, '일본제국헌법'과 '마태복음'을 하얀 실로 묶은 책, 다나카 집안에 대대로 내려온 휴대용 필기구 하나, 갓 딴 강 김과 휴지 몇 장, 그리고 조약돌 세 개뿐이었습니다.

와타라세 강 줄기를 숱하게 따라 걸으며 답사를 하는 동안, 우연히 눈에 든 조약돌을 줍는 것은 쇼조의 조그만 즐거움이었다고 합니다. 길가나 물가, 어디나 있는 예쁜 조약돌들이 사람들 발부리에 함부로 차이고, 수레바퀴에 밟혀 부서지는 것을 쇼조는 누구보다 마음 아파 했대요.

쇼조는 아시오 광독 사건 해결에 힘쓰느라 가진 재산을 모두 써 버린 탓에 만년에는 몹시 가난했지요. 그래서 야나카 마을의 수몰을 막기 위해 뛰어다니면서는 여러 후원자들에게 도움을 받으며 지냈는데, 이렇게 신세진 이들에게 답례로 편지를 쓰며, 자신이 모은 조약돌을 함께 선물하곤 했어요.

광독 피해 지역에 유골을 나눠 묻다

1913년 9월 6일, 다나카 쇼조의 임시 장례식이 광독 사무소가 있던 운류지에서 열렸습니다. 삼사백 명쯤 되는 이들이 참석했다고 해요. 하류에서는 사이타마현 도시마·가와베 마을, 이바라키현 고가마치, 군마현 오우라군과 옛 야나카 사람들이, 중류와 상류에서는 쇼조의 고향 하타가와마을 고나카는 물론 각 읍과 마을의 광독 피해 농민과 지지자들이 모였지요. 와타라세강을 끼고 있는 네 현에서 온 사람들이 눈물로 쇼조의 관을 둘러쌌습니다.

쇼조에게는 아이가 없었으니까 상주는 여동생 린의 큰아들이 맡았고, 영구 가까이에 쇼조의 아내 가쓰 그리고 기노시타 나오에와 도쿄의 유지, 피해 주민 대표자가 나란히 서고 시마다 소조와 다른 야나카 잔류민들이 머리를 숙이고 있었어요. 임종 날에는 저녁부터 우박이 내리고 우레와 비가 대단했지만 이튿날 아침은 하늘이 씻은 듯 맑게 개어 늦더위가 심했어요.

영구가 떠나는 시간이 되자 시모하네다, 후나쓰가와, 와타라세의 청년회 젊은이들이 영구를 짊어지고 '다나카쇼조의 관'이라고 쓴 깃발을 앞세워 화장터로 갔지요.

시마다 소조가 쓴 《다나카 쇼조 옹 여록》을 보면, 화장할 때 참례한 사람들 사이에서 심한 실랑이가 벌어졌대요. 쇼조 유골은 다나카 집안의 위패를 모신 고향 고나카의 죠렌지(쇼조 생가 바로 뒤에 있는 절이지요.)와 시모사가와다의 운류지, 야나카 세 군데에 나눠 묻기로 했는데, 고나카 사람들이 반대하는 바람에 말썽이 난 거예요. 그러자 한 사람이,

"아이구, 고인의 유골을 옥신각신 쟁탈해서 일이 되남? 그럴 거거든 아예 유골을 몽땅 재로 맨들어서 아시오산으로 다 가져가설랑 와타라세강이 시작되는 데다가 뿌리믄 좋잖어. 그러믄, 와타라세강이 흐르는 웬갖 마을이며 논밭에 다나카 씨 혼이 다 가 닿지 않겠어?"

그래서 모두 제정신이 됐다고요. 결국 12일에 사노마치 소우소지에서 성대히 장례를 지낸 다음, 쇼조가 벌인 자유민권운동과 깊이 얽혀 있는 소우소지와 야나카마을 저수지안에 반대해 도움의 손길을 아끼지 않았던 도시마·가와베 마을에도 유골을 나눠 묻기로 정했답니다.

그러니까 쇼조의 유골이 묻힌 곳은 와타라세강 기슭의 다섯 군데

예요.(최근에 아시카가시의 주도쿠지가 '여섯 번째 유골지'라는 것이 알려졌습니다.)

뒷날 운류지 묘소 앞에 쇼조의 "오늘을 구해 주옵소서."라는 말에서 따온 사당 구겐도救現堂가 세워져 목상이 안치돼 있고요, 본당에는 여러 자료들이 전시돼 있습니다.

야나카를 부수며 열린 새 물길

쇼조가 세상을 떠난 5년 뒤인 1918년 8월, 후지오카마치의 대지를 파고 반으로 쪼개 와타라세강을 아카마늪에서 야나카마을로 흐르게 하는 새 물길이 완공됩니다.

"아카마 새 물길이 흐르기 시작. 만세 소리 천지에 울려 퍼짐."

하고 굵직하게 제목을 달아 〈시모쓰케신문〉은 이날의 모습을 이렇게 보도했어요.

내무성의 10년 계획으로 오늘까지 약 9년이 걸려 겨우 준공됨. 오늘 25일, 아카마늪의 유수지에 물을 흐르게 함. 앞으로 그 어떤 대홍수가 와도 연안 주민은 이전과 달리 안심하고 밤잠을 이룰 수 있게 되어 범람의 재난을 벗어나게 되었음.

순식간에 물을 흘리자, 전날 밤부터 내리던 소낙비로 수량이 불어나고 있던 곳에서 물이 금세 본 강으로 들어가니, 이에 용기를 얻은 인부들이 힘써 땅을 파헤치므로 양 기슭의 구경꾼들이 두 팔을 들어 만세를 불렀고, 그 소리가 하늘천지에 울려 퍼짐. 그날은 추석 휴일이라 구경꾼이 꽉 차 인파로 무척 혼잡했음.

야나카마을에 광독 물을 흘려 넣은 통수식은 불꽃놀이까지 벌이며 무슨 축제라도 하듯 흥청거렸습니다. 그렇게 만세를 부르는 사람들 가운데는 노구치 순조의 모습도 있었지요. 야나카마을과의 경계였던 와타라세강 '일곱 굽이'가 사라져 홍수 걱정이 사라진 에비세마을 사람들도 있었고요.

실은 3년 전 9월, 와타라세강이 태풍이 몰고 온 폭우로 넘쳐 '일곱 굽이'의 에비세마을 쪽 둑이 무너질 뻔했을 때 일인데요. 건너편 야나카마을 쪽 둑을 남몰래 부수고 잔류민이 있던 야나카에 탁류가 쏟아지게 한 '둑 파괴 사건'이 일어났거든요.

쇼조가 세상 떠난 2년 후 1915년 9월 11일 날이 밝기 전의 일이에요. 둑을 부순 것은 광독 피해 마을로서 끈질기게 싸우고, 피해 농민들을 위한 자선 의료원까지 세워 도쿄에서 온 봉사자들의 거점이 되었던 에비세마을 사람들이었어요. 깊은 밤 어둠을 틈타 에비세 주민 다섯 명이 쪽배를 타고 필사로 건너편 야나카마을로 건너오지요. 그런 다음 둑을 터서 탁류를 야나카 쪽으로 흘려 보냈어요. 이렇게 해서 저희들 에비세마을의 제방이 무너지는 것을 미연에 막아 낸 겁니다.(현실이라고는 도저히 믿을 수 없는 '둑 파괴 사건'에 대해서는 제가 쓴 책《홍수를 걷는다—다나카 쇼조의 현재》에 자세한 취재기가 나옵니다.)

다나카 쇼조가 만약 살아 있었다면 저런 사건은 일어나지 않았겠죠. 또 쇼조가 새 물길이 열리던 때까지 살아 있었더라면 노구치 순조가 만세를 부르는 모습을 어떻게 보았을까요?

하여튼 새 물길이 열리던 이 시기, 3년 전에 일어난 '둑 파괴 사건'으로 큰 홍수를 입고 야나카마을에 살 수 없게 된 잔류민은 마지 못해 마을을 떠났어요. 그러다 새 물길을 만들 때 파고 남은 야나카 땅의 흙으로 메워 만든 와타라세강 왼쪽 둑 바깥 땅에다 여섯 가구가 집을 짓고 옮겨 갔고요. 마지막까지 남아서 버티던 열여섯 가구 가운데 여덟 가구가 이곳으로 옮길 예정이었는데 땅을 보고 실망한 두 집은 다른 읍이나 마을로 이사했거든요.

이렇게 '천국'은 사라지고 야나카마을은 사실상 멸망했습니다.

잔류민 여섯 집이 이사간 땅의 서쪽 언저리에 쇼조 유골 일부를 묻은 사당, 다나카레이시가 있어요. 현재의 후지오카마치에서 사노시로 향하는 현도 옆 둑 바깥 땅에 서서 바라보면요. 새 물길 개통을 기념해 심은 벚나무 가로수와 도부선 철교가 보이고, 그 바로 앞으로 와타라세강이 흐르지요.

야나카 잔류민 여섯 집의 자손들이 다나카 사당을 지키고요, 4월 4일 예제 때는 많는 이들이 모입니다. 여러분도 한번 가 보세요. 오늘날에도 여기에 모이는 이들은 다나카 쇼조를 살아 있는 사람처럼 "다나카 씨." 하고 친근함과 존경의 마음을 담아 부르고요, 쇼조의 삶과 그 마음을 이어 간답니다.

국경을 넘어 환경 문제의 세계적 선구자로

다나카 쇼조에 대한 평가는 죽은 뒤에 미묘하게 바뀌지요. 기노시타 나오에가 살아서 쇼조의 삶을 전한 때에는 쇼조의 인간상이 '의인'으로 신격화되었습니다. 아시아태평양전쟁 때는 국가에 저항한 인물로 여겨졌고요. 전쟁이 끝난 뒤에는 일본 경제가 고도로 성장하며 공해 문제가 일어나다 보니 공해와 싸운 인물로서 제대로 평가받게 됐어요.

그리고 오늘날은 지구 환경을 인류가 국경을 넘어 지켜야 하는 때잖아요. 그래서 지금은, 여러분이 함께 어울려 공부한 쇼조가 살아온 길, 광독과 벌인 싸움, 만년에 가 닿은 자연과 인류에 대한 생각(철학, 사상)이 나라 안팎으로 크게 평가돼서 환경 문제의 세계적 선구자로서 존경받는 겁니다.

쇼조가 세상 떠난 뒤, 일본 역사도 급격히 출렁였습니다. 되풀이해서 말하지만, 쇼조가 "한 마을의 자치가 무너진다는 것은 곧 나라가 망하는 것과 같다."고 한 그대로 일본은 틀려먹은 군국주의의 길로 내달아 아시아 사람들에게 비참한 경험을 강요했고, 아시아태평양전쟁에 패하면서 그때까지의 일본은 망국이 되어 버렸습니다. 새로운 일본이 제정한 새로운 헌법은 전쟁을 포기했고, 쇼조가 이상으로 여긴 비전과 군비 전폐가 겨우 실현됐지요.

하지만 이 헌법은 제대로 지켜지고 있을까요? 1960년대의 고도성장기, 미나마타와 같은 공해 문제가 나오고 그 뒤로도 아시아에 진출한 일본 기업이 일으키는 공해 문제나 핵폐기물과 같은 세계적 환경 문제도 이어지며 쇼조가 벌인 투쟁은 지금도 계속되고 있습니다.

전쟁이 한창이던 때에도 전쟁이 끝난 뒤에도 와타라세강으로는 아시오 구리 광산에서 광독이 흘러 나오고 있었거든요. 1970년에 구리 광업이 불황을 맞아 아시오 구리 광산이 폐광되면서 쇼조와 광독 피해 농민이 바라고 바라던 광업 정지가 마침내 실현됩니다. 그 뒤로 구리 광석을 수입해 제련하던 작업도 중지돼 아시오 구리 광산의 큰 굴뚝에서 뿜어내던 연기 피해는 사라졌지요. 쪼그라든 아시오 읍은 폐갱을 견학시키는 구리 광산 관광 마을로 거듭났고요. 하지만 구리 광산을 산업폐기물 처리장으로 삼으려는 따위로 문제가 새롭게 떠오르고 있네요.

아시오 구리 광산이 내려다보이는 와타라세강 발원지에는 연기 피해로 나무 한 그루 없는 민둥산이 골짜기 양쪽에 솟아 있어요. 야

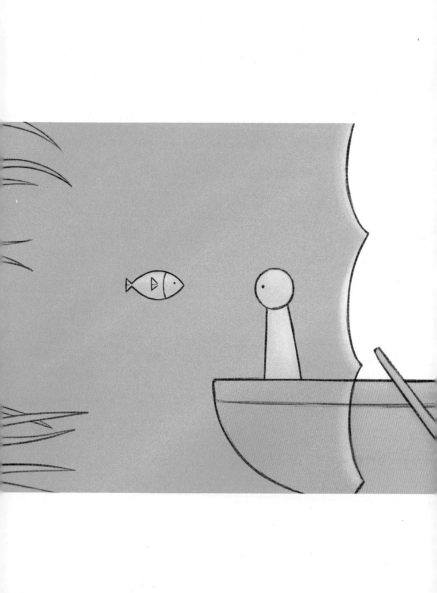

나카마을보다 일찍 연기 피해로 마을이 망해 버린 산골짜기의 마쓰키마을 뒤에 서니 산더미처럼 쌓인 잡동사니 사이에서 불어오는 바람 소리만이 들립니다. 그리고 아시오읍이 내려다보이는 댐 깊숙한 곳에는 엄청난 광독이 쌓여 있습니다. 와타라세강 상류의 아시오도 '공해의 출발점'이지요.

이에 견주면 와타라세강 하류의 와타라세 유수지는 세계적 환경 문제의 '성지'라 할 수 있을 겁니다. 야나카마을이 없어지고도 쇼조가 잔류민들과 함께 천국을 만들겠다며 싸운 여기, 바로 이곳이요.

야나카 잔류민 자손들이 사는 다나카 사당이 있는 곳에서, 우리, 다리를 건너 와타라세강 둑 위로 난 길을 와타라세 유수지까지 거닐어 볼까요?

여름이면 무성한 갈대가 아득히 바라보이는 푸르른 습지가 되고, 겨울이면 마른 갈대 사이로 부는 찬바람에 살랑이는 습지가 눈앞에 펼쳐져요. 와타라세강의 흐름과 유수지 물낯이 바라보입니다. 간토평야에서 가장 넓은 대습지이지요. 이곳의 대자연은 철새와 들새 들의 낙원이기도 합니다.

그런데 골프장이나 테니스 코트 따위도 보이네요. 지금까지 이 유수지를 여러 가지로 이용하려는 계획이 나왔습니다. 자위대 훈련장이나 조정 경기장으로 하자는 계획도 있었어요. 결국 야나카마을의 엔메이인 공동묘지 터와 라이덴 신사 터와 같은 몇몇 곳만 사적

보존구역으로 남기고, 하트 모양의 제1 조절 못이 만들어져 그 가까이에 테니스 코트, 주차장, 축구장이 들어섰습니다. 그리고 골프장도 두 군데나 생겼는데, 하나 더 만들겠다는 계획이 진행 중이거든요. 1993년 말에는 여기 유수지에다 나리타 공항 다음가는 국제공항을 만들자는 계획도 나왔어요. 지역에서 '야나카마을의 사적을 지키는 모임'이나 '와타라세 연구회', '들새를 지키는 모임' 같은 여러 시민단체들이 반대 운동을 계속하고 있지요. 앞으로도 '공공'을 내세워 가까운 시정촌의 '공익'을 위한다는 명목으로 여러 가지 이용 계획이 나올 겁니다.

이 광대한 와타라세 유수지에는 100년 동안이나 쌓이고 쌓인 광독이 아주 짙은 농도로 흙모래에 남아 있지요. 골프나 테니스를 즐기는 사람들, 열기구를 띄우거나 오토바이를 타고 노는 젊은이들 가운데 얼마나 되는 사람들이 여기가 광독 사건으로 야나카마을이 없어진 곳임을 알고 있을까요? 다나카 쇼조가 여기에 천국에 이르는 길을 닦으려고 한 그 마음을 알고 있을까요?

저도 큰소리칠 처지는 못 됩니다. 앞서도 썼지만 여기서 청소년기를 지내면서도 몰랐으니까요. 중학교 1학년 때 낚시하다가 아버지가 얘기해 줘서 알았거든요. 하지만 이듬해인 1947년, 내가 중학교 2학년 때, '카스린'이라는 큰 태풍이 간토평야를 휩쓸어 와타라세강과 도네강에 거대한 홍수가 났습니다. 간토 지방을 중심으로 큰 피해가 나서 3천 명 넘는 사상자가 나왔으니까요. 그때 여기는 둑이 무너져 탁류 바다가 됐거든요. 그뿐이 아니에요. 다나카 쇼조가 지적한 대로 물은 정직하게 낮은 곳으로 흘러 도네강의 도쿄 쪽 둑을 무너뜨리고 도쿠가와 이에야스가 거의 없애 버린 옛 도네강을 단숨에 내달려 도쿄까지 대홍수의 탁류가 흘러갔지요.

그로부터 어느덧 반 세기가 지났습니다. 저는 지금 여러분과 함께 거닐어 본 다나카 쇼조의 여정을 이제 끝맺으려고 와타라세 유수지의 사적보존구역에 서 있어요. 야나카마을 사람들 선조의 묘석이 몇 개 나란히 놓인 엔메이인 공동묘지 터에요.

겨울 난타이산에서 특유한 맵짠 바람이 일고, 말라 시든 갈대가 바람에 울고 있네요. 다나카 쇼조가 하나님과 같다고 했던 물 내음도 살짝 느껴지고요. 이 성지에서 바람 소리를 듣고 물 내음, 마른 풀 내음을 맡고 있자면, 제 마음의 귀에는 물을 맑게 하기 위하여 광독 사건과 싸우고 물과 야나카 잔류민들한테서 하나님을 본 다나카 쇼조의 말이 들려옵니다. 여러분들 귀에도 들려오겠지요.

참된 문명은
산을 황폐하게 하지 않고
강을 더럽히지 않고
마을을 부수지 않고

사람을 죽이지 아니한다.

회개하라. 죄를 물에다 덮어씌우는 세상은 홍수가 더욱더 불어난다.

맺는말

다 쓰고 나니 특히 만년의 다나카 쇼조가 도달한 사상의 위대함과 깊이에 압도되어 겉모습만 겨우 어루만진 듯한 느낌이 가시지 않습니다.

네 번에 걸쳐 옥에 갇히고 그때마다 새로운 세상에 눈뜨고, 정치인으로 고군분투하고, 와타라세강 광독 피해 농민들과 오래도록 고달픈 싸움을 한 이분에게 다가가면 다가갈수록 심오하지요. 그것은 꼭 현대 지구 사회를 살아 나가는 우리들이 새롭게 배워야 할 것들임을 깨닫습니다.

쇼조는 광독 피해 농민과 지지자 들에게 실로 많은 편지를 써 부쳤습니다. 그 농민들을 몇 사람밖에 언급하지 못했습니다. 또 중학생이나 고등학생 독자들도 읽기 쉽도록 하려고 쇼조의 일기 따위는 더러 생략하거나 현대문으로 고쳐 썼습니다. 그래서 원문이 지닌 뜻 빛깔이 흐려졌을 수 있습니다. 이 책을 계기로 여러분 스스로가 원문이 담긴, 더 깊이 있는 다나카 쇼조의 세계를 만나게 된다면 고맙겠습니다.

쓰면서 학자들이 이미 발표한 연구 성과에서 많이 배웠습니다. 특히 누노카와 료 님께 귀중한 가르침을 받았습니다. 고맙습니다.

덴노 직소만 해도 많은 논고가 있듯, 쇼조 연구는 이제부터입니다. 이 책을 길잡이로 여러분이 친구나 선생님과 직접 현장을 찾아봐 주세요. 현지에는 '와타라세강 연구회'와 '다나카 쇼조 대학' 같은 단체가 있습니다. 열성적인 연구자들도 많고 쇼조의 고향인 사노시에는 유품 따위를 전시한 향토박물관도 있지요. 각 지역의 어르신들도 어젯일처럼 찬찬하고

> 2022년 11월 27일 마지막 강좌를 열고 35년 간에 걸친 활동을 마무리했습니다. 회원들의 노령화가 큰 이유였다고 합니다.

자세하게 얘기해 주실 겁니다. 여러분이 새로운 사실이나 자료를 발견할 수도 있습니다.

다나카 씨는 나라 안팎에서 지구 환경 문제의 위대한 실천가이자 철학자, 사상가로서 더욱 주목받고 있습니다. 젊은 여러분이 참신한 시점으로 더 깊이 들여다보고, 궁리를 거듭해 나간다면 정말 좋겠습니다.

1993년 12월

글쓴이 사에 슈이치

오늘의 문제들을 푸는 열쇠, 다나카 쇼조

최원형

"참된 문명은 / 산을 황폐하게 하지 않고 / 강을 더럽히지 않고 / 마을을 부수지 않고 / 사람을 죽이지 아니한다"

이토록 평범한 글 속에 세상을 판단할 가장 중요한 잣대가 다 담겨 있어요. 21세기 인류 문명은 인류 역사에서 정점에 올라 있습니다. 우주여행마저 가능해진 시기이고 물질적으로도 더할 수 없이 풍요로운 시대입니다. 그렇다면 지금 우리는 인류 역사상 가장 행복한 시기를 살고 있는 걸까요? 모든 것을 다 가지고도 행복할 수 없다면 그 이유를 어디서 찾아야 할까요?

이 글을 쓴 사에 슈이치는 어린 시절 동네 유수지에 가서 아버지랑 낚시를 즐기곤 했어요. 우연한 기회에 낚시터에서 그곳의 역사를 아버지에게 듣게 되고 그 과정에서 다나카 쇼조를 만납니다. 이 책이 탄생한 배경이지요.

쇼조는 일본의 근대화와 공업화가 시작되던 메이지유신과 청일전쟁 등이 벌어지던 격동의 시대를 살았습니다. 당시는 정치적으로 커다란 변화의 소용돌이가 휘몰아친 시대로 역사책에 기록되어 있지만 일본 공해의 출발점이라 불리는 '아시오 광독 사건'이 벌어진 시기이기도 합니다. 동아시아 환경 운동의 출발점이 된 다나카 쇼조가 세상의 흐름에 완강히 항거하던 시대였고요. 사력을 다해 아니 죽는 그 순간까지 쇼조가 항거했던 삶의 출발이 바로 아시오 광독 사건이었습니다.

구리를 채굴하고 가공하던 아시오 광산에서 쏟아져 나오는 유독 물질이 와타라세강을 타고 흐르며 강이 지나는 마을 사람들의 삶을 망가뜨립니다. 쇼조는 정치인으로 아시오 광산의 문제점을 처음 접합니다. 정치인으로 명예를 누리며 편히 살 수 있는 삶이었는데도 쇼조는 왜 안락한 길을 가지 않았을까요?

단지 편안한 길을 가지 않은 정도가 아니라 고통받는 이들과 함께 가장 낮은 자리로 내려가 마지막까지 함께합니다. 이 과정이 무척이나 고통스럽지만 쇼조는 그 과정을 통해 깊은 사유를 합니다. 뭉클하고 감동적이다가 경외감이 드는 그런 경험을 이 책을 읽는 여러분도 하게 되리라 믿습니다.

팬데믹 기간 동안 학교에 가지 않고 온라인으로 수업이 진행될 수 있었던 것도, AI 기술이 나날이 진보할 수 있는 것도, 기후 위기의 대안이라고 하는 전기 자동차도 재생에너지도, 신체의 일부처럼 지니는 스마트폰도 결국 이것 없이는 불가능합니다. 바로 구리입니다. 구리를 채굴하고 가공하는 곳이 구리 광산이고요.

아시오 광산은 이미 폐광이 되었지만 세상에는 새로운 구리 광산이 계속 생겨납니다. 몽골의 남쪽 고비사막에 위치한 오유 톨고이 광산은 세계에서 다섯 손가락 안에 드는 구리 광산입니다. 이 광산은 세계적인 광업 기업인 리오 틴토가 지분을 66% 갖고 있고 몽골 정부는 매년 약 2억 달러(우리 돈으로 2,600억 원)쯤 되는 로열티를 받을 예정입니다. 그런데 광산 개발로 불거질 오염에 대해서는 어떤 보상을 받게 될지 알려진 게 없어요. 2022년에 칠레 북부에 있는 한 구리 광산 근처에서 대형 싱크홀이 발생했어요. 땅속 광물을 채굴하면서 지하에 생긴 빈 공간 탓에 지반이 꺼진 걸로 추정하고 있어요.

광물을 캔다는 것은 지구 생태계를 파헤치는 일입니다. 새로운 기술에 열광하는 동안 지구 곳곳에 아시오 광독 사건은 계속 재연되는 중이고 인간이든 비인간이든 고통으로 신음하고 있을 겁니다. 진일보한 기술 뒤에, 편리한 전자 기기 뒤에 가려진 이 슬픔에 주목하지 않고 우리 문명이 참될 수는 없을 것 같아요. 지구의 주인은 누구일까요? 광물의 주인은 누구일까요?

청일전쟁으로 더 많은 구리가 필요하고 아시오 광산은 더 많은 구리를 채굴하고 제련하는 과정에 더 많은 오염 물질을 배출하게 되었어요. 그리고 그로 인한 오염으로 지역 주민의 고통은 더욱 가중되었고요. 쇼조는 이러한 과정을 통찰하며 전쟁 반대 운동도 합니다. 전쟁 물자를 생산하느라 더 많은 구리가 필요한 딱 그만큼, 어딘가에서는 오염 물질로 고통받는 일이 멈춰질 수 없다는 걸 깨달았으니까요.

쇼조의 삶을 알면 알수록 쇼조를 한 마디로 표현할 길이 없어요. 정치인, 환경 활동가, 사회운동가 그리고 철학자인 것 같기도 해요. 나열한 것들은 서로 다른 직업 같지만 사실은 하나입니다. 세상은 다 연결되어 있고 결국 삶을 살아내기 위한 여러 활동 가운데 어디에 강조점을 찍느냐에 따라 명칭이 달라질 뿐이라는 걸 쇼조의 생을 통해 깨닫습니다.

세계기상기구는 2023년 7월이 관측 사상 가장 더운 달로 기록될 전망이라고 합니다. 안토니우 구테흐스 유엔 사무총장은 지구온난화 시대는 가고 '지구열대화' 시대가 도래했다고 경고했지요. 해마다 가장 '더운' 기록은 계속 경신될 것 같습니다. 기후 위기 시대를 연 것은 다름 아닌 인류입니다. 과다한 온실가스 배출이 원인이고요. 기후로 인한 재난은 갈수록 커지고 빈번해지고 있어요.

쇼조가 언급한 참된 문명의 정의를 다시 꺼내 봅니다. 문명이 참되기 위해 우리가 해야 할 일을 쇼조가 정리해 놓았네요. 다만 우리의 결정이 남아 있을 뿐입니다.

상추쌈 청소년 03

조약돌 할아버지
동아시아 환경 운동의 출발점이 된
다나카 쇼조 일대기

글 사에 슈이치
옮김 김송이
그림 김강언

초판 1쇄 펴냄 2023년 10월 20일

편집 서혜영, 전광진
인쇄·제책 상지사 P&B
도서 주문·영업 대행 책의 미래   전화 02 – 332 – 0815 | 팩스 02 – 6003 – 1958

펴낸 곳 상추쌈 출판사 | **펴낸이** 전광진
출판 등록 2009년 10월 8일 제 544 – 2009 – 2호
주소 경남 하동군 악양면 부계1길 8 우편 번호 52305
전화 055 – 882 – 2008 | **전자 우편** ssam@ssambook.net | **누리집** ssambook.net

ISBN   979-11-90026-11-6   43910

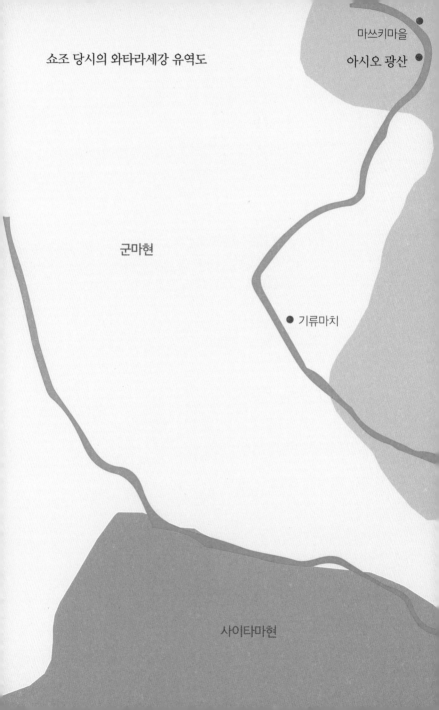

쇼조 당시의 와타라세강 유역도

마쓰키마을

아시오 광산

군마현

기류마치

사이타마현

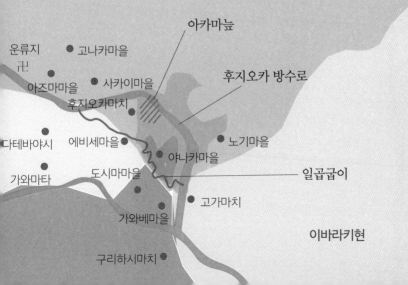

도치기현

아카마늪

후지오카 방수로

운류지
卍

고나카마을

아즈마마을

사카이마을

후지오카마치

노기마을

다테바야시

에비세마을

야나카마을

가와마타

도시마마을

일곱굽이

고가마치

가와베마을

이바라키현

구리하시마치